知行合一王阳明

俞强 —— 主编

吉林文史出版社

图书在版编目（CIP）数据

知行合一王阳明 / 俞强主编. -- 长春 : 吉林文史
出版社, 2021.1

ISBN 978-7-5472-7625-9

Ⅰ.①知… Ⅱ.①俞… Ⅲ.①王守仁（1472-1529）
—传记 Ⅳ.①B248.21

中国版本图书馆CIP数据核字(2021)第029954号

知行合一王阳明
ZHI XING HE YI WANGYANGMING

出 版 人　张　强
编 著 者　俞　强
责 任 编 辑　魏姚童
封 面 设 计　李　荣
出 版 发 行　吉林文史出版社有限责任公司
地　　　址　吉林省长春市福祉大路5788号
网　　　址　www.jlws.com.cn
印　　　刷　天津海德伟业印务有限公司
版　　　次　2021年4月第1版　2021年4月第1次印刷
开　　　本　145mm×210mm　　1/32
字　　　数　110千
印　　　张　6
书　　　号　ISBN 978-7-5472-7625-9
定　　　价　38.00元

前　言

　　王阳明（1472–1529），中国明代的哲学家、教育家，精通儒释道三家之说，继承前人思想提出了"心学"概念。

　　"为天地立心，为生民立命，为往圣继绝学，为万世开太平。"这是宋代大学者张载提出的儒家最高道德理想，以此来形容王阳明的一生亦不为过。

　　王阳明出生于明朝中叶，在那个社会动荡、政治腐败、学术萎靡的时代，他怀着成为圣贤的抱负，以天下苍生为己任，创下了令人瞩目的世功和学说。王阳明生平命途多舛，屡试未中，及第之后入朝为官，在任兵部主事时，因反对刘瑾等宦官为政，被贬谪为龙场的驿丞，后来受朝廷重用，平乱屡建世功，荣封"新建伯"，官至南京兵部尚书。在学术思想方面，他钻研朱熹"格物致知"的儒家思想，对"存天理、去人欲"之说产生了疑惑，认为朱子学说不是真正的圣人之学，"心学"才能解释其中的困惑，从而转学陆九渊的学说，并将其发扬光大。

纵观王阳明的生命历程，虽然一路坎坷，但他世功显赫，学名昭昭，成为中国历史上在立德、立功、立言三方面都有显著作为的大家。哈佛大学教授杜维明认为，王阳明是近五百年来儒家的源头活水，可见王阳明在中国传统儒家文化精神的传承和立新两方面的重要地位。王阳明的思想流传千古，响彻中外，不仅张居正、曾国藩、章太炎、康有为等人都从中受益，而有着"日本经营之圣"之称的稻盛和夫也将王阳明视为精神偶像，他的经营哲学中无不渗透着王阳明的思想。

王阳明的思想，大致可分为三个部分：心即是理的人生论，知行合一的认识论，致良知的修养学说。

心是天地万物的主宰，心外无理、心外无物，是心学说的基本观点。王阳明认为，人心是根本的问题，是产生善与恶的源头。任何外在的行动、事物都是受思想支配的，一切统一于心。

针对当时社会言行不一的弊病，王阳明提出了"知行合一"说，纠正了朱熹先知后行的知行观。他认为知和行是不能够相分离的，知是行的主意，行是知的功夫；知是行之始，行是知之成。总之，有知必有行，有行必有知。

王阳明摸索的致良知的道路，用他自己的话说是"从百死千难中得来"，是"千古圣贤相传的一点真骨血"。良知人人都有，致良知就是让心回到"无善无恶"明洁的本真状态，是通过主体的意识达到自我道德的修养，规范自我的行为。"致良知"被称为王阳明心学的核心部分。

王阳明的一生都在坚持自度度人、成己成人的原则。从良知出发，人人皆是平等的，凡人也可以成为圣人。只要维护心为本体，做到心外无物，追求透彻的本心，胸怀洒脱、超然入圣，便没有什么困难可言！这个思想一出世，便产生了振聋发聩的作用，打破了程朱理学的禁锢，为萎靡消沉的社会灌注了生机与活力，一时间，心学占据了当时学术的主导地位。

王阳明的心学思想旨在呼唤人的本体意识，着重强调个体本身的价值和自我人性的修养。心学不仅对当时的社会产生了巨大的影响，而且对现代的社会也具有深刻的意义。

面对节奏越来越快、竞争越来越激烈的现代生活，人们的精神生活逐渐荒芜，心灵也越发孤独。阳明心学高扬主体意识，强调内心的力量，追求透明本心、胸中洒脱，对改善现代人的精神状态有着积极的作用。同时，对现代人个性的发展、思想的自由解放、事业的开拓进取也都有着有益的启示。由此，国内外掀起了一股阳明热，本书作为王阳明的传记，帮助读者在了解他流传千古、响彻中外的心学思想的同时，亦可以详细了解王阳明知行合一的传奇一生。

目　录

第八章 最后行程——此心光明，千古毁誉随风散

第九章 "心学"影响——传薪有人，经久不衰

第一章
乘云降生——明朝出了个王阳明

生于书香门第

王阳明，本名王守仁，字伯安，号阳明。生于明宪宗成化八年（1472），卒于明世宗嘉靖七年（1529），浙江余姚人。因早年曾隐居在会稽阳明洞中，并创办过阳明书院，所以又被世人称为阳明先生。

王阳明的一生是智慧的一生，传奇的一生，他不但在明朝名动天下，对后世更是影响深远。他的大名甚至还远渡重洋，传到日本，为时人所敬仰。

王阳明出身官宦地主家庭，祖上可以上溯到晋代大书法家王羲之。两晋时期，战乱频繁、时局动荡，很多中原士大夫举家迁往江南。当时，位居东晋王、谢、桓、庾四大姓家族之首的山东大族琅玡王氏也在其中。王氏一族为晋王朝立下过汗马功劳，身份地位超绝一时，南

1

迁之后，王家烟火续传，后人一直过着半耕半读的逍遥生活，虽再未出过显赫人物，但也被视为书香门第，受到人们的尊重。

到了明朝的成化年间（1465-1487），王氏家族的王伦，品行高雅，喜爱读书，尤痴迷于竹。自认月下抚琴，竹林吟诗乃人生乐事。家人受其熏陶，也是爱读诗书，胸怀宽广，对于富贵名利都看做过眼云烟，不甚在乎。

据传，王阳明的出生颇富神话色彩。

成化八年（1472），王伦之子王华外出教书，儿媳郑氏身怀六甲，可是，直到立秋之后，儿媳过了产期数月，仍然没有生产。眼看着儿媳怀孕已经十四个月了，还没有生产的迹象，王家上下焦急不已。一天，王伦的妻子岑氏夜晚入睡做梦，梦境中自己到了云雾缭绕的天庭，天门向她敞开，四处缭绕着仙乐，令她感到美不胜收。这时，从云朵深处飘来一位绯衣女子，怀抱着一个模样乖巧的男婴，仙女笑盈盈地将手中的婴儿交给自己。岑氏高兴地从梦中醒来，却真正听得一阵阵婴儿嘹亮的啼哭声，赶紧下床来寻找，竟然是从儿媳妇的房中传出，她赶紧推醒睡梦中的丈夫王伦。

王伦醒来，听到这般嘹亮的哭声，猜想一定是个男孩。这时，家里的仆人前来报喜。岑氏迫不及待地进入儿媳屋内，抱起孙子，认真细看，竟发现同梦中的孩子一模一样。岑氏赶紧将孙子抱给门外的王伦看，并告诉他自己的梦境之事。王伦欢喜得不得了，直呼孙儿是上天赐的，来自天上的彩云中。

次日，王伦为孙子取名为王云。王伦的孙子来自彩云间的消息不胫而走，前来道贺的人们端详着王云出生的那座小楼，觉得是祥瑞之兆，于是将其称为"瑞云楼"。

王云一天天长大，一家人都视其为心肝宝贝。但王云与正常的孩童不太一样，他虽然长得模样乖巧，可是直到五岁的时候，居然还是不会说话。王氏一家使出了浑身解数，仍然无法使王云开口说话。这可愁坏了王伦，他遍访名医，却无法弄清其中的缘由。终于有一天，他悟出了，其中缘由莫非是在名字？于是，王伦就为孙子取了另外一个名字"守仁"。之后，奇迹出现了，王云不但能够口齿伶俐地说话了，而且还一字不差地背出了一篇王伦时常吟诵的文章。一家人都非常惊讶，而他只是说，平日里祖父吟诵，就记下来了。大家听后，惊喜万分，都夸他是个神童，日后定当有所作为。

王阳明的父亲王华是王伦的次子，于成化十七年（1481）进京参加殿试位居榜首，天下皆知。王伦获知消息后非常高兴，这是王氏家族迁往浙东后中的第一个状元。受父亲王伦的影响，王华不仅饱读诗书、才华横溢，而且为人正直、极富同情心。这种品性在他很小的时候便显现了出来。

有一天，他与伙伴们在河边玩耍，一个喝得醉醺醺的人脚步蹒跚地走到河边，随后又东倒西歪地走了。没过多久，伙伴们都相继返家，只剩下王华，正当他准备离开的时候却在醉汉待过的地方发现了一个包袱。他感到好奇，打开包袱来看，里面竟然有不少的银子。他猜想，包袱很有可能是刚刚那个醉汉遗失的，于是，王华坐在河边，等着失主。到了夜幕将要降临的时候，那个醉汉果然来了，王华把包袱还给了他。那人打开包袱，发现自己的银子分文不少，连声道谢，并拿出银子表示谢意。王华推辞了，那人更为感激，执意跟随王华到家中，特向王华的家人道谢。王伦得知此事后，为儿子的行为感到骄傲。

王华十四岁的时候，在余姚的龙泉山寺院读书，同窗的伙伴大多是富家子弟，平时常常仗着自家财大气粗，捉弄和欺负寺中的和尚。和尚们为了报复，便经常假扮鬼的模样来吓唬他们。这招果然非常奏效，同伴们都被吓得仓皇离去，只有王华若无其事地继续在寺内读书。和尚们都暗暗佩服王华。

王华的品学德行颇被当时浙江学政张时敏看重，恰逢浙江布政使宁良要为其子弟挑选老师，张时敏于是力荐王华前去宁家任教。王华到了宁家，被宁家的数千卷藏书所吸引。他不为美色诱惑所动，白天认真教课，晚上则挑灯夜读。在宁家三年的时间，王华学问大长，他差不多看完了宁家所有的藏书。因此，王华日后高中状元，在很多人看来也是意料之中的事情。王阳明年少的时候就经常听到大人们将父亲王华的逸事传为美谈，他也颇受影响。

少年得志

王华的光芒，对王阳明的成长产生了潜移默化的积极影响。

当时，王华有几位同僚教过正德朝的大宦官刘瑾，并常向刘瑾推荐王华的人品和学问。再加上王华高中状元，随着内阁地位的不断上升，新进士一入翰林，便被时人视为"储相"。基于此，王华在当时是被人刮目相看的。

但面对十里八乡亲友的道喜和祝贺，王伦却是淡然处之，依然表现得和平日无任何异样，儿子的风光似乎与他无关。这份不动声色的态度，对当时仅有十岁的王阳明来说，无疑是个触动。

虽说文人常言要淡泊名利，但生活在一个充满名利诱惑的社会环境中，又有谁能真的看空这一切呢？

虽然王阳明也为父亲高兴和自豪，但是他更多的还是攻读自己的书本，以学业为重。或许是受了祖父处世观的影响，王阳明不以一般的读书、作诗为满足，他有自己的志向，即通过读书成为圣贤。

一次，私塾先生对在座同学发问："世上什么是第一等重要的事？"大家纷纷说登科及第最为首要。唯王阳明不以为然，他自认为仕途并非读书的最终途径，成为圣贤才是归途。

虽是想成为圣贤之人，但王阳明却并未像古往今来那些圣贤之人一样，循规蹈矩地恪守古训，安分守己地去攻读圣贤之书。他认为要成为圣贤，读死书是没有用的，需要从多方面来锻炼自己，增长才能，扩展知识，这样才能成为圣贤。

王阳明并不因为自己跋涉在追求圣贤的道路上就恪守规矩。他天资聪颖，脑子灵活，所学知识一看就会，所以不愿意长期待在私塾，而是经常偷跑出去玩游戏。他最爱玩的是军事游戏。因为他对《孙子兵法》尤为感兴趣，每逢家里请来宾客时，王阳明便用果核与客人们摆兵阵。常常是客人们的兵阵刚摆出来，王阳明就立刻想出了克敌的阵势。虽然为此事没少挨父亲的骂，但他依然乐此不疲。

少年天性，总是无法遏制。王阳明因为逃学偷玩之类的事情，没少受到父亲和祖父的责罚，但他依然不克制自己崇尚自由的天性。在他少年的时候，还有一件传闻更加出格。

王阳明十三岁时生母去世，王华的妾便仗势常常欺侮、虐待他。他不堪忍受，便想出了一个前无古人的应对之法。

王阳明偷偷在街上买到一只叫长尾林鸮的怪鸟，放到父妾的被褥里，然后和一位神婆串通好，等那位妾被怪鸟惊吓、派人请来这位神婆做法时，神婆便依照王阳明之前教她的话，说这只鸟是王阳明的生母化成的，是来惩戒她平日对王阳明的不好。

至此之后，那个小妾再也不敢对王阳明无礼了，而王阳明玩世不恭、豪迈不羁的名声也传了出去。但王阳明并不在乎外人对他的评论，他依然恪守当初自己立下的目标，要争当一位圣贤之人。

但这样一个性格乖戾、不循规蹈矩的孩子，将会走上一条怎样的"成圣"之路呢?

锋芒乍现

王华在京任职,王阳明便一直跟随在祖父身边。虽不能时常见到父亲,但从乡亲和街坊的口中,王阳明还是能够听到有关父亲的一些消息。王华的成就让王阳明对自己的父亲深深敬重。

成化十八年(1482),王华任职翰林的第二年,王阳明得到了一个和父亲团聚的机会。王华在京城略有小成,他便差人前去家乡接父亲和儿子到京城生活。在尚未出过远门的王阳明看来,这简直是个天大的喜讯。得到消息后,他就日日盼着能够早日启程,这次上京,少年王阳明既领略了沿途风光,又见到了敬重的父亲。

王伦妥善安排完家里的事后,就带上孙儿,乘船前往京城。那时的河运已是非常发达了,北上的船只沿途所经之处均是繁华的都城,这让王伦祖孙二人大开眼界。

王伦虽然饱读诗书,对各地的名胜古迹了如指掌,但是,经济上并不宽裕的他却一直没有机会外出游览。

趁这次往京城的难得机会，王伦亲临这些地方。而对于年幼的王阳明就更是难得，每到一处他都是兴奋不已。

一日，王伦一行到达镇江西郊的名胜金山寺，这是传说中白蛇和法海苦斗的地方。到达时虽然天色已晚，但是寺中仍然人来人往，香火极旺。站在金山寺向远处望去，暮霭之中的群山、楼阁、树木都若隐若现，再加上天空中点点繁星与江上的灯火互相辉映，一阵风吹来，令人心旷神怡。大家游性正浓、兴致颇高时，有游客邀请王伦作诗来助兴。正当王伦冥思苦想、不知如何下手时，只听：

> 金山一点大如拳，打破维扬水底天。
>
> 醉倚妙高台上月，玉箫吹彻洞龙眠。

这让大家颇感意外，循声望去，竟是王阳明。众人齐声赞叹：好诗、好诗！见他如此才思敏捷，一位游客有意想要考考他，希望他以天上的明月和远处若隐若现的群山为题，再作诗一首。王伦听后生怕为难了王阳明，于是连忙以孩子年纪尚小、不会作诗为由推辞着。但是王阳明却镇定自若，稍作思索，便吟诵道：

山近月远觉月小，便道此山大于月。

若有人眼大如天，还见山小月更阔。

好一个"人眼大如天"，小小年纪便能作出这般气势雄浑和耐人寻味的诗句来，可以说是相当不凡。顿时喝彩声四起，大家纷纷向王伦道贺有如此聪明伶俐的孙子，日后定会成大器。

少年时期的聪悟，为王阳明以后的深入求学奠定了良好的基础。而王阳明却没有因此而扬扬得意，他依然坚持博览群书，勤于思考，不断深入地研究世人的思想。

何为人生第一等事

王伦祖孙二人一路游山玩水，好不自在。当船到达通县后，就转为乘车前往京城。王阳明对于京城很好奇，一踏上京城的土壤，他就迫不及待地四处张望，京城的所有东西都让他惊喜不已，他恨不得立刻去游览京城的大街小巷。

久候多时的王华和父亲王伦寒暄几句后便着手安排

儿子的生活。其实，在准备接儿子来京城起，王华就已经为儿子的一切做好了安排，起居饮食，包括学业。亲自调教儿子，是王华这次最为主要的目的。由于王华常年在外的缘故，儿子王阳明受祖父的影响极深，虽然王伦教育子女十分严格，但是对着这个孙子又多少有些溺爱，所以接到京城亲自管教，对儿子的将来应该是最好的。

王阳明慢慢熟悉并且适应了京城的生活后，王华便安排他去家附近的私塾读书。这让尚沉浸在兴奋中的王阳明感到些许不满。毕竟，比起外面繁华的花花世界来，私塾里的《三字经》《百家姓》的确是枯燥乏味了一些，更何况，这些书本他在家乡的时候就已经背得滚瓜烂熟了。

但是，王阳明不敢违背父亲的意愿，只得每日勉强前往私塾读书。时间久了，王阳明便在枯燥的生活中找到了新的乐趣，那就是四处游玩。因为王阳明在上学的路上要经过一条很繁华的商业街，街面上吃喝玩乐应有尽有，这让王阳明兴趣盎然，他一有时间就和同学到街上游玩。

没多久，王华就发现了王阳明这个小秘密，他非常生气，并且严厉地训斥王阳明。但是王伦却认为孙子爱玩一些也不是什么坏事，只是孩童的天性使然，不需要过分束缚。他甚至觉得正是孩子聪明，才能够这样会玩。所以，王阳明倒也没有受到多大的责罚。靠着祖父，他更是为所欲为。

玩闹归玩闹，王阳明的思想却也随着年纪的增长而日趋成熟稳健，他并没有忘记当日立下的要成圣贤人的目标。

一日，私塾先生与学生在讨论何为人生在世的第一等大事的时候，王阳明要成为一个圣贤人的心愿愈加强烈了。大家都说，像他父亲那样金榜题名、考取功名是大事，但王阳明却无法认同他们，虽然大家言辞一致，不过，王阳明依然坚持自己的看法。古人云：万般皆下品，唯有读书高。按照常理，读书的目的就是要去参加科举，一旦金榜题名，就会有黄金屋、千钟粟、颜如玉。简而言之，读书考科举是自然也是必然的事，而小小年纪的王阳明竟口出狂言把"做圣贤"视为人生第一等事，在别人看来有些好笑，又有些张狂。

这件事情传到了王阳明家中，王华对儿子这种桀骜不驯的性格很是担忧。祖父王伦倒是非常兴奋，他没想到孙子小小年纪竟然有如此追求，他相信，假以时日，小孙子肯定会有大出息。

当时年仅十二岁的王阳明是否真的明白圣贤为何物，这并不重要，重要的是，这个人生的理想确实已经悄悄地在他的心中生根发芽。讲到做圣贤的理想，王阳明曾在晚年时回忆说，应该是受到一个街头相士的点拨。

有一天放学，王阳明像往常一样和伙伴们在大街上闲逛，偶遇一个相士，他看着王阳明，留下一句"须拂颈，其时入圣境；须至上丹台，其时结圣胎；须至下丹田，其时圣果圆"便离去了。这句话被王阳明深深地记在心中，他常常深思这句话的含义。

何为人生第一等事？少年时期的王阳明能思考这样的问题，足以说明，他已经对人生开始进行思考。而且不是人云亦云，而是用属于自己的方式。

另类出走，试马居庸关

朝夕如流，一晃王阳明已经在京城居住两年有余，十三岁的王阳明生活的年代，正是明朝中晚期，皇帝昏庸，贵胄沉迷酒色之中。黎民苍生正为了一条卑微的生路而拼死反抗。华夏大地上，硝烟四起，刀枪血影。王阳明看到这连年的征战，感慨现在天下长时间纷然扰乱，就像一个人久病快要死亡了。

与此同时，边关也不太平，明朝曾多年遭受周围其他部落的侵袭，先是蒙古瓦剌部的挑衅和掠夺，瓦剌衰落后，又被势力日渐升起的鞑靼所侵扰，民众苦不堪言。英宗正统年间，瓦剌部向明朝发动大规模进攻，竟然直取皇都，俘获了英宗皇帝，明朝耗资数以万亿的金银珠宝才得以换回偌大江山的主人。日暮西沉，所生活的王朝此时已是建立一百年了，经历了惊心动魄的开国时代，经历了五光十色的兴盛发展，而今留在王阳明眼中的，除了积弱，便是无奈。

眼看国不成国，虽然父亲王华一再督促他好好读书，以待将来考取功名，可王阳明却无法在这样的环境下安心只读圣贤书。终于，有一天，他偷偷地从家里马厩偷出一匹快马，策马狂奔，出了关外。

远离京城，王阳明不由得心事浩茫起来，一心追求圣贤之路的他，面对广阔的天地，不禁思绪翻涌。大明朝自开朝至今，多少圣贤之人前仆后继地倒在了前行的道路上。人，总是要有一些精神的支撑才能活下去的。大义失去，还有活的希望，依然可以勉强地走下去，可是时至今日，内忧外患，那么脚下的路究竟还在何方？

王阳明正是在这无穷无尽的思索中慢慢成熟的，他不断地思考，不断地在复杂的环境中寻找自我的根本。在居庸关考察的那一个多月的时间里，他登长城、评古迹、思战略，经略四方之志在那个时候终于酝酿成熟。

边塞之行如果说是王阳明的任性为之，在回程途中，他更是任性了一次。他和随从正骑马往回走，迎面看到两个骑马的鞑靼人向他们走来，在那个谈"胡"色变的时代，王阳明不但不躲闪，反而迎上前去。双方大战几个回合，王阳明因为年纪太小，虽然伤了这两个鞑靼人，但未能取其性命，让他们逃走了。这件事情后来流传开来，王阳明过人的胆略和勇气一时传为佳话。

一个月的行程王阳明收获到了在京城中无法体验的感受，经过一趟关外之行，他身上少了一些斯文，增添了一些侠客的勇猛和威严。在回京的那天夜里，王阳明还做了一个梦。他梦见了自己特别崇拜的东汉将领马援，两人不仅相见，王阳明在梦中还作了一首诗：

> 卷甲归来马伏波，早年兵法鬓毛皤。
>
> 云埋铜柱雷轰折，六字题文尚不磨。

从这首诗中，可以看出王阳明对马援的崇拜，也可以看出小小年纪的他就已经有了要建功疆场的志向。

回到京城，王阳明内心深处的豪情被激发了出来。他更加关注天下事，并且表达自己的想法，甚至要把自己的想法和谋略上书给朝廷。这种幼稚的想法在父亲王华看来是不切实际的，王阳明的种种行为也遭到了父亲的阻挠。但是，这些都不妨碍已经有了"做圣贤""立世功"这两大志向的王阳明继续洞察世事。

"竹"悟

宋儒朱熹的学说在明朝备受推崇，朱熹也被人们奉为继孔孟之后的又一大圣贤。因此，为做"圣贤"的王阳明在十七岁的时候开始钻研宋代理学，找来朱熹的所有著作，认真阅读起来。

朱熹众多的思想中"格物致知"是非常流行的一种观点。关于"格物致知"，不同人有不同的解释。在朱熹看来，每个人每天都要与纷繁复杂的事物打交道，有些事情做起来可能已经熟能生巧，但却很少有人知道或探究其真正的道理。这样一来，事物本来的原理就很难被人们认识到。因此，朱熹提出"格物致知"，要求人们不仅要了解事物的表面，还要深入钻研，探究事物的原理。怎样"格物"呢？"格物"就是同事物面对面，用理性去了解和彻悟事物的道理。只有不停地去"格物"，才能够弄明白事物的本质和规律，才能够达到"致知"的思想境界，才能够进入圣人的境界。

王阳明对朱熹的学说是深信不疑的，不仅从内心里非常推崇，奉为圭臬，而且也积极地将其付诸行动。王阳明有一个志同道合的钱姓好友，两个人总在一起探讨如何成为"圣贤"。一天，这位好友前去王阳明家中做客，两个人在一起探讨学问，谈到朱熹的学说，甚为兴奋。

由于王阳明的祖父王伦喜爱竹子，所以在他家的园中有一片竹林。见到这片竹林，王阳明突然眼前一亮，提议道：既然朱熹认为一草一木都有它存在的至理，"格物"就能够"致知"，那么何不效仿一下，就从这个竹子开始探究。于是，王阳明整天地在竹林里潜心地"格"，一天一天地过去了，越是想要"格"出些什么理，就越没有真正地"格"出。这样坚持了七天，王阳明最终因耗尽了心力而病倒。事后，王阳明深深感叹格物的困难，成为圣贤的不容易。

"格"竹子的经历虽然失败了，但是这件事情却对王阳明产生了深远的影响。据后来王阳明的学生记载，先生像"格"竹子这样的经历还不止一次，他想从一个具体的事物身上悟出万物的道理，或许同朱熹所讲"格物致知"有一定的区别，但是从这一事件中可以看出王阳明想要做圣贤的心志，以及后来他从不断的失败中体验出做圣人或许可以另寻它路，而非通过"格物"。这就为他走上自己的学术探索之路，提出心学的观点打下了基础。

第二章
求学生涯——吾当上下而求索

新婚之夜不知去向

到了弘治元年（1488），十七岁的王阳明从余姚来到父亲身边已经五六年了，刚到京城时那个乳臭未干的毛头小子如今已经长成大小伙子了。王华看着儿子长大成人，到了参加科举考试的年纪，十分欣慰。按照当时的规定，参加乡试是要回原籍的，所以王华打算让王阳明回老家。

就这样带着如何成圣的疑问，王阳明回到浙江老家。那时，他的生母早已去世多年，家乡一些旧时的亲朋也生疏远离。王阳明回到老宅，睹物思人，再一次感受到人生一世，生死不由命的残酷。他再次觉得人生一场，不过是本来无一物的旅程。消极的情绪逐渐滋生，占满王阳明的内心，他开始刻苦地钻研道家思想。

说起回乡，王阳明还有任务在身，他还不能随心所欲地做他想做的，想他所想的。他这次返乡，还需要完婚，完成一个懵懂少年步入一个成年男子必经的程序。

他未来的岳父叫诸介庵，是本地人，是王华的至交好友，时任江西布政司参议。所以，这门亲事在王阳明很小的时候，两家人便已经说定了。此时，王阳明成人，可以娶妻生子了，他便需要完成双方家长定下的这个约定。

洞房花烛夜乃人生一大喜，但王阳明对这人生之大喜却似乎并不感兴趣。在家人为了他的婚事忙翻了天的时候，他却还有心情在野外踱步思考，思考宇宙之奥妙。

一天，在野外散步思考时，王阳明猛一抬头，却发现自己早已不知道踱步到了哪里，他眼前出现一个道观，名为"铁柱宫"。"铁柱宫"是为了供奉为民除害的许逊而建的。王阳明走进道观，发现道观里坐着一个闭目养神的道士，鹤发童颜，两个人便攀谈起来，越交谈越是觉得相见恨晚。两人从人生谈到世事，从世事又谈到养生。不知不觉中竟然到了深夜，尚不觉得尽兴，一直谈到了天亮，东方既白。这时，王阳明才猛然想起错过了自己的新婚，于是赶忙回府。

此时，府内上下早已经是闹翻天了，新婚当日，新郎官无故失踪不见，满堂宾客就这样看了一场大笑话。

诸老爷很生气，他派人四下寻找无果，正想要不要退婚之时，王阳明气喘吁吁地跑了回来。大家详细追问之下，得知新郎官居然与道士畅谈一夜，这种理由，让诸老爷好气又好笑，但既然回来了，亲还是要成的。

于是，有惊无险，王阳明完成了人生的一件大事。但鉴于这次教训，诸介庵为了防止这个"落跑新郎"到处乱跑，便让他到自己的官署上班，每日按时报到，处理公文。

而王阳明也算老实，没再做出让诸老爷心有余悸的事情来。官署清闲，实在无事可做，每日的公文只需半个时辰就可以完成，实在无聊的王阳明便用练习书法来打发时间。

日积月累地练习，倒是让他的书法精进不少。但王阳明毕竟是坐不住的人，久而久之，还是喜欢四处游荡，乡里乡亲评论他多了些痞气。诸老爷虽然有些不满，但也没有深责他。为此，王阳明心中更加感到愧疚，不仅是愧对宽容的岳父，还有他那新婚的妻子。

苦心追求心学的境界

成婚第二年，王阳明带着妻子返回京城，途中经过上饶，特意下船拜访了大儒娄谅。

尚不更世事的王阳明，还没有经历过大风大浪，对于自己今后的人生有过很多的设想。其中最热心的莫过于他在年幼的时候朦朦胧胧定下的目标"做圣贤"，他认为这是人生的第一等事，为此他苦读书籍、潜心钻研。

除此之外，他受到身处官场的父亲的影响，接触到了很多身在仕途的官员，因此他经常想象着自己建立功业、造福一方百姓的情景。而他自己又非常喜爱兵事，幻想当一名侠客，于是他熟读兵书，经常用一些石子等东西来模仿两军对阵，研究制胜之道，他又经常想象着如果自己能够指挥千军万马、纵横疆场，又该是何等的辉煌。这样三个目标在他的头脑中交叉出现，不断推进着他此后的人生。

　　虽然他一心想要成为圣贤,却又找不着合适的途径。不过,人常常能够因为一些偶然的事件而使自己的人生有所改变。此次与娄谅的见面便是他人生更改的一次契机。

　　娄谅也是个怪人,他早年进京参加会试,走到杭州之时,却突然返回。大家问他缘由,他只是神秘地说:"此行非但不第,且有危祸。"果然,没几天,会试的贡院起火,烧死了很多人,而他因为没去参加,逃过一劫。这件事情后来有人说是因为娄谅"静久而明"有了神术。不管怎么说,娄谅的学问却是真材实料的。早年,他四处拜访名师,为的也是能够成为圣贤之人,可是在遍寻天下儒士之后,他失望地发现,"都是些举子学,不是身心学"。所幸的是,他最终找到了江西临川的著名理学家吴与弼。吴将朱学视为正宗,自然影响了娄谅。娄氏认为"圣人必可学而至",只要不断地努力,就可以成功。从儒学来讲,这个道理其实是通则,不过它正好解答了王阳明存在于内心多年的疑惑,也坚定了他想要成为圣贤的志向。

所以，王阳明与娄谅相见恨晚，二人相谈甚欢。

娄谅很是欣赏王阳明，因为他和自己年轻的时候有很大的相似之处，都有成圣的志向。娄谅接触过很多的年轻人，但是很多人做学问都是凭借一时兴起，难以真正静下心来，始终如一地做下去。看到王阳明之后，他心想：倘若王阳明能做到如此，那么也是天下一大幸事。

王阳明受到娄谅的影响，从他早期的一些思想就能够看出来，两人有很多共通之处。黄宗羲就曾经在《明儒学案》中讲，心学的始端来自娄谅。娄谅提倡"身心学"，反对"举子学"，这些也都是心学的思想。

娄谅对王阳明思想的点拨起了很大的作用，因此，王阳明十分敬重娄谅。这从后来王阳明平定宁王叛乱之后，按照礼数安葬娄谅的女儿就能够看出来。

落第的苦闷

拜访娄谅，使王阳明受益匪浅，尤其是萦绕在他心头很久的问题，即"如何才能成为圣贤"，得到了解答和贯通。在经过娄谅的点拨之后，王阳明如醍醐灌顶，顿时明亮。

弘治三年（1490），竹轩公王伦去世，祖父的死对于王阳明来说是个非常大的打击，他同祖父之间的感情非常深厚，甚至在他的身上都可以看到很多王伦的影子。

在家人的劝慰下，王阳明逐渐平复了心情，并且开始认真准备三年一度的科举考试。明朝时期的科举考试内容，主要是以宋儒朱熹等人对四书五经的解释为据进行阐释，有了之前对朱子学说的研习，这种论说方式对于王阳明来说可谓得心应手。

而后不久，王华回老家守丧，顺便给家族里的子孙们讲经解义，应对科举考试。王阳明便也一起随大家上课，背诵教材内容。闲暇之时，几位王家子弟相互切磋，但都以王阳明的功力为最深厚，大家都惊呼："彼已游心于举业之外，吾辈不及也！"

在日渐刻苦的学习中，渐渐地，王阳明的变化越来越大，昔日那个性格开朗活泼的人，变得一本正经，整日里端坐学习。大家在一起研讨的时候，他除了发表自己的观点之外就没有多余的话了。大家纷纷询问原因，王阳明解释道，他十分后悔过去太过于放任自己，所以从今以后要注意规范自己的行为，做到内敛、谨慎，不轻易为之动容。

可是，事与愿违，上天总是要对身担大任的人给以更多的考验和磨炼，所以，王阳明的前行之路格外崎岖。

弘治五年（1492）秋天，科举考试结果见分晓，二十一岁的王阳明在浙江乡试中中了举人。之后，按照当时的定制，他得到了参加会试的资格。不幸的是，王阳明落榜了。这个时候，父亲王华晋升为右春坊右谕德，为此招来一些阿谀奉承之人。在登门道喜的同时，大家对王阳明的落榜表示遗憾，安慰他下次科举考试肯定能够像父亲一样高中状元。王阳明倒也显得非常豁达，不太在意这次考试的结果，这却引来旁人的闲话，认为他目中无人。

其实，明朝那个时候的科举考试早已被格式化了，设立科举的本意是为了求得圣人之道和朝政之势的有机结合，但是明朝中晚期，学术与政治从来都是不能两相融合的。

这也使得王阳明纵有一身的抱负和学问，但却无法在仕途上迈出第一步。而且，王阳明成名过早，锋芒毕露，这样的人不是当权者所喜爱的。自古以来，露锋芒者必遭人嫉恨，所以，才有了那些身怀绝技但却装作无知的人。他们一向懂得低调处事的道理。可惜，王阳明却不懂，他一再流露才华，非但没有为他走上仕途而加分，反而成了绊脚石。

三年后，王阳明第二次参加会试，再次落榜。一些嚼舌根的人道出了他落榜的本质所在："此子如中第，目中不会有我辈矣。"

所以，虽然这次会考是因为那场至今仍然扑朔迷离的"会试泄题案"，但落榜还是说明了王阳明从政的日子还未到来，"苦其心志，劳其筋骨"，王阳明在左冲右突、反反复复中磨炼。尽管当时很多人都觉得应该以落第为耻，但是王阳明却说"世以不得第为耻，吾以不得第动心为耻"。考取功名，落榜是正常的事，不需要对此过分在意。

话虽如此，但从小未经受挫折的王阳明依然感到有些心灰意冷，他回到了老家，组织了一个龙泉山诗社。

组建龙泉山诗社

考场失意，寄情于山水诗画之间，这是古代文人常常会做的事情。王阳明虽然认为谋事在人，成事在天，也说"世以不得第为耻，吾以不得第动心为耻"，但落榜大事，还是对他有所触动。

回到家乡后，他的龙泉山诗社热热闹闹地兴办起来，明朝的文人骚客多喜欢结诗社、办文会，以此能够与志同道合的人士畅谈、切磋学问。

他的诗社成员人数不多，没有名噪一时的文人，大家聚在一起，无非就是下棋饮酒，游山玩水。

余姚纯朴的民风，朴实的文人，同多年来在京城所感受到的浮夸的文人之风是大有区别的。在创办诗社的这一段时期中，王阳明以诗言志，抒发苦闷，佳句迭出。在龙泉山清秀的环境中，王阳明度过了他人生中最为惬意悠闲的一段时光。

"君不见富贵中人如中酒，折腰解醒（醉酒）须五斗。未妨适意山水间，浮名于我亦何有！"这是他那时内心真实的感受，他毕竟是烈鸟，需要一片天空展翅高飞，一片山坳无法满足他内心高飞的渴望。

所以，渐渐地，王阳明发现这和他自己想要的生活越来越远。整日"吟诵风月，摆弄花草"，充其量不过是个诗人，是个名士，自己想要的是"做圣人"。为此，他开始反省，经常思考自己今后的人生该何去何从，如何才能一步步实现自己的理想。

虽然龙泉在余姚城里算是一处风景秀丽的地方，山清水秀，空气清新，清静幽雅，如若在这里终老一生，也算不枉此生。可是，王阳明在一段时间的沉寂之后，那颗看似平静的心逐渐蠢蠢欲动、焦灼不安起来，他的人生并没有因为龙泉山诗社而终止，他开始萌生出了打通古今创心学的念头，"成圣贤"更是他内心最后的归属。他知道，自己虽然饱读诗书，但是两次科举考试失利也是不可争辩的事实。即使自己一向对于功名利禄并不在乎，但是如果不能在科举考试时崭露头角，那么即便是很小的理想和信念都无从谈起，更不用说实践。于是，他离开了龙泉山诗社，离开了余姚，于弘治八年（1495）再一次回到了京城。

在龙泉山诗社两年的生活，王阳明抛开了纷繁复杂的世俗，为自己提供了思考和反省的机会，为他今后的生涯积蓄了力量。

为圣路上两彷徨

回到京城之后，他的内心深处还是充满了彷徨和矛盾，一面是"做圣贤"的人生理想，一面是多年来追求的考科举，他的心一直在理想与现实之间徘徊。弘治九年（1496），王阳明第二次会试失败。

再次的打击让王阳明冷静了很多，他开始用心钻研兵法，继续孩童时代的乐趣，不过此时，他更多的是将其做为事业来研究。

每遇宾宴，经常"聚果核列阵为戏"，这时的王阳明已然是不想在仕途之上太过浪费时间，而是想成就一番统御之才。可惜的是，他虽有报效国家之心，国家却不给他这个机会。

弘治时期，明朝的军事防御能力已经接近于崩溃边缘，已不再具有主动出击的军事意志了。刀枪入库，兵士懒散，大明的统治者日日笙歌，夜夜买醉，想的无非就是今朝有酒今朝醉，明日再说明日事了。

然而，文恬武嬉局面并未让王阳明放弃演习军法的热情，他对于兵法的钻研，日后还被他运用到了心学上。权谋策略的思想，与心学上的制敌之道，有着异曲同工之妙。

透视兵学可以说是一种科举考试失败后反弹的情绪，在这种热情当中，王阳明成圣成雄的儒生念头燃得更加旺盛。他用属于自己的一种独特的方式探索着成为圣人的道路。一直到二十八岁那年，王阳明第三次参加会试，功夫不负有心人，这次总算榜上有名，他中了进士。

不过，不同的是，王阳明在中进士之后，并没有被朝廷直接授予官职，而是被派往工部观政，按照现在的话说就是实习，先让他去熟悉一下工部的事务。当时，工部正在建造威宁伯王越的坟墓。这是一位明朝的将军，在官兵中享有很高的声望，或许朝廷也是有意要考验一下这个看起来如此傲气的人的能力，于是就将监督工程的任务委派给了王阳明。

监督工程本来并不是一件烦琐的事情，但是王阳明非常希望能够在这件事上做出点成绩来，于是就颇费了一番心思，想到了用兵法之道来组织、管理民工。他把参与修建坟墓的民工视为士兵，采用军事化的管理，明确了各自的分工和职责，并统一制定了劳动和休息的时间，他将这种方法称为"什伍之法"。

同僚们对王阳明的做法感到新奇的同时又感到好笑，觉得他是多此一举。但王阳明却不理会这些，而是从容淡定、一步步地按照自己预期的计划来实施。待到工程完工之时，王阳明的这种方法起到了非常好的效果，坟墓不仅建造得非常宏伟壮观，且大大缩短了工期，提高了效率，那些怀疑他的人不由得对他另眼相看，王阳明的才华和能力也得到了大家的认可。

威宁伯的家人对坟墓的建造也非常满意，为了表达感激之情，就赠送金银给王阳明，但是被他拒绝了。最后，打听到王阳明非常痴迷于兵法，就将威宁伯生前的佩剑送给王阳明以表谢意，他这才收下这份谢礼，并对这把宝剑爱不释手。

王阳明观政之时，非常繁忙。尽管如此，他想要成为"圣人"的愿望却越来越强烈。

平日里他都会挤出时间来钻研宋代理学，但是在这个过程中，他还是十分困惑，他想起娄谅先生所说圣人必可学而至，这是多么透彻的道理，可是真正落实到宋代理学的学习中，又始终参悟不透。

他想起年少时"格竹子"，心想，或许是自己没有完全按照朱熹先生的要求来做，才没有循序渐进地找到方法和结果。于是，他再次尝试，沉思竹子之理，这一次又是没有收获，反而促发了他的老毛病，又一次病倒。

这年是王阳明思想冲突最为激烈的一年，他不得不怀疑朱熹的学说，他不再按照朱熹的套数来格物致知。他深深地感到，或许圣人不是人人都能够做到的。

第三章
初入仕途—— 挺身斗虎，遭人陷害

刑部里的名士

王阳明早年熟读兵书，这些基础在被委任督造威宁伯王越的坟墓一事中得到了充分的展示，如何运筹帷幄在统率民工中也有了很好的实践。

这件差使完成得相当漂亮，使得朝廷的其他同僚对他的统帅才能都刮目相看。而王阳明自己也切实地感受到了统御之权的作用，能够掌握实权才能够用众、服众，才能够干成大事。

弘治十三年（1500），王阳明完成督造威宁伯王越的坟墓的任务，观政期满，被授予刑部云南清吏司主事一职。这个职位是有实权的，在明朝，最高一级的行政机关是六部，每个部又都设置尚书、左右侍郎，在这下面便是清吏司。云南清吏司主事不是去云南，而是在北京的刑部分管来自云南的案件。当时处于边境的云南常发生暴力事件，王阳明进入刑部可以说是最能够体察民情，却也是最能够感受到腐败。

二十九岁的王阳明当时正是踌躇满志，期待能够建功立业的年龄。当时的他对朝中碌碌无为的同僚们甚是反感，他很希望能够通过自己的切实努力而有所作为。虽然是当官，不过道理其实和为学读书是一样的。如何做事？以何种标准来要求自己？这期间他也有深刻的感悟。公正判决、不徇私枉法等重重考验都要取决于执政者内心的想法和观念。

当时，刑部的设置中有提牢厅，厅中又设专管囚犯的狱吏数名，刑部的各司主事每个月都要轮流去提牢。十月，轮到王阳明。王阳明第一次巡视，正值牢狱晚饭时间，王阳明走了一圈后，发现囚犯吃的竟然是拌着水的米糠。他很好奇，问随行的狱吏，狱吏回答说是缺粮。他又走了一圈，偶然听到猪的叫声，走近一看，竟有一个猪圈，几十头肥硕的猪正争吃食槽中的白面细粮。王阳明顿时明白了，牢狱不是缺粮，粮食都给了猪，哪里还有人吃的。

其实，这种情形在当时没有什么大不了的，只是王阳明初入仕场，刚到刑部，见得少而已。从牢狱回来后，王阳明训斥了所有的狱吏，当场下令杀掉牢中养的猪，并分给囚犯吃。

这件事情如果从当时的官场来看，只道王阳明是个刚入官场的毛头小伙，不够成熟，但是从王阳明自身的思想来看，这便是他所提倡的良知。

王阳明的差使所要做的事情非常烦琐，尤其是秋决之时，各种变故弄得王阳明心力交瘁。一个月的当差结束后，他感到如释重负。

在刑部做事的第二年，王阳明被派往直隶、淮安等府与当地巡按御史一同审决重犯。他的职位虽然不高，但由于是从刑部来的，属于中央官员，在审判囚犯时也有很大的决议权，其他审判官自然也都得尊重他的意见，这使王阳明能够按照自己的判断做出裁决。对于这个差使，王阳明感到莫大的兴奋。一向做事严谨认真的他，总要反复对照证据和当朝的法律条文才会做出判决。他的这段经历被学生们记载为"所录囚多所平反",看来一向公平公正的王阳明应该平反了很多的冤假错案。

忙完淮北的公事之后,王阳明终于可以忙里偷闲来修身养性了。于是,他来到了九华山,陶醉于青山秀水中,远离尘世的喧嚣、繁杂,内心极为宁静。寄情于山水,心情顿感愉悦。无拘无束的大自然正好能够衬出官场的束缚。为政或为学,王阳明的内心一直都在左右摇摆着。游刃于二者之间,却也激发了他的思考与豪情。两样看似截然不同的事情,如此相得益彰,也算是人生一大快事。不过名士有时只是一种风格,终究不是职业。正如他下山时所写的诗句:"明日归城市,风尘又马鞍。"

主持乡试及言事下狱

回到京城后,由于父亲的关系,王阳明被聘为山东乡试的主考官。一心想当圣人却总摸不着门径,如今有机会来到圣人的家乡,王阳明兴奋不已。山东向来是文化教育的重地,孔门的弟子也多是出于这里。主持乡试,把王阳明从论禅学仙的心境中拉了出来。他为考生们出的测试题都很大胆，但是又有智慧。他还提出"纲纪不振，由于名器太滥、用人太急、求效太速""议国朝礼乐之制"等问题，足以说明他已经开始思考当时与百姓生活、国家社稷密切相关的问题。尤其是《山东乡试录序》，映射出他从民生出发思考问题的良苦用心，王阳明的这篇文章也能够看出王阳明经世致用的观点，为他日后经营四方做好了文治上的准备。

负责山东乡试，王阳明也算是展露了才华，但是因为没有附和某些势力，他心中所想并没有得到完全发挥。返回京城后，朝廷下达诏令，将他从刑部云南司主事调为兵部武选司主事。虽然两个职位都是正六品，但武选司是兵部四司之首，实际上是往前进了一步。可见王阳明的才能在当时已经得到了朝廷的重视，自己正是朝气蓬勃，虽然受到一些势力的干扰，但是总体来说也还收获颇丰，内心感到非常充实，隐隐约约地感觉到自己是在一点点地走在通向"圣贤"的道路上。

但是，天有不测风云，谁也没有料到，一心想要有所作为的王阳明很快就要面临一场改变他人生的变故。

弘治十八年（1505）五月，孝宗皇帝朱祐樘驾崩，时年三十六岁。当时只有十五岁的皇太子朱厚照继承了皇位，年号改为"正德"，他就是明武宗。这位正德皇帝生性好动，同死去的老皇帝截然相反。

孝宗从小就胆小怕事，再加上体质不好，经常生病，因此朝中大事都交给文官们处理，自己很少过问。但是，他的儿子不喜文而是尚武，性格活泼，非常反感文官们的繁文缛节和喋喋不休的说教，总与一群喜爱玩枪舞刀的宦官们打成一片，喜欢打打杀杀，常常做出一些荒诞不经的事情，成为后世的笑柄。

两位皇帝截然不同的行事风格，让身在朝中的很多文官们感到非常不适应，尤其是当他们再用伺候孝宗皇帝的方式来对待新皇帝的时候，往往会遭到冷落和无端的呵斥。

自然，文官们的意见也得不到重视，更难以推行。地位一落千丈的文官们也无法容忍这种差距，于是他们联合起来，开始进行声势浩大的争斗。

这场不见硝烟的争斗以内阁大学士刘健、谢迁和户部尚书韩文为首，他们的目的非常明确，就是打压宦官参政，以此改变新皇帝的做法，重新确立文官们在朝中的地位。

但是皇帝在当时一些领头太监的扶持下，一点儿也不向文官们服软，而且还出现了杀鸡给猴看、杀一儆百的景象。大批文官因为进言，被辞退的辞退，挨打的挨打。

一时之间，朝廷内外是鸡飞狗跳，一片混乱。此时王阳明虽然在朝任职，担任着兵部主事的职位，但是比起朝廷中的那些重臣，此时的他还太不显眼，眼看着那些朝中大臣跑的跑，降的降，王阳明却并未做出任何举动，他在观察。多年研究哲学理论的习惯，让他保持了一个良好的作风，那就是思索。在做每一件事情之前，他都会认真、完整地将整件事情思考全面。

王阳明并不是贪生怕死、没有原则的人，所以他在思索完毕之后，上了一道精彩绝伦的奏折——《乞宥言官去权奸以彰圣德疏》。

这道奏折写得很有水平，言辞婉转，用语考究，绝无对皇帝的冒犯，也没有对当事人的攻击。王阳明写这封奏折不过是想让皇帝警醒一下，看清楚身边的人，哪个值得信赖，哪个是奸邪小人。

可惜的是，王阳明虽然文采够高，智商够高，但是手段却还是不够狠。当朝大太监刘瑾岂是一个眼里容得下沙子的人！王阳明的这份奏折一送上去，就被他拦截，然后将态度柔和的王阳明扔进了监狱，让他吃牢饭去了。

在这场文官与宦官的争斗之中，显然宦官们占了上风，文官们的争斗无疑是以卵击石，因为他们虽然口口声声地反对宦官参政，实际上却是想要重新将皇帝置于他们的控制之下，这是非常艰难的。

与皇权争斗的最后结果就是以文官们的失败而告终，为首的文官们有的被迫终止了自己的仕途，而以刘瑾为首的宦官们则势力大增。很多人都卷入了这场争斗中，看似平静的朝廷，实则暗流涌动。

明朝时期，将南京作为留都，当遇到事关国家社稷的大事，言官要站出来表明自己的观点。一旦遇到皇帝对于言官所言之事置之不理的情况，北京、南京的言官可以相互支持，从而对皇帝施加压力。所以，当北京文官与宦官进行争斗处于下风之势时，南京的言官们开始声援，由于矛头直接对准了宦官，因此，宦官们恼羞成怒，将为首言官押到北京。

本是想要说句公道话的王阳明平白无故地被刘瑾关到牢里大概一个月的时间后，被处以"廷杖"三十，并被免掉了兵部主事的职务。

从二十八岁中进士到被打入牢狱，这期间总共不过六年，经过多少年的努力，王阳明才走到这个地步，最后却因为一份并不激烈的上书而断送了前程，把自己送上了牢狱。王阳明左思右想都没能想个明白，大受打击。

这场变故使得王阳明的内心充满了忧郁和失落，但是他仍然坚持自己的理想和信念，立志做一番事业的雄心壮志并未就此消沉，反而对那些想要依靠暴力来打压对手的小人给予了无情的嘲讽。

三十廷杖或许还是幸运的，没有丢掉性命，也没有致残身躯，那肉体上的疼痛终究能够愈合的。王阳明作为读书人，为了表明自己的立场，伸张正义而受到酷刑，受到了人们的广泛赞誉，可以算作是这场风波当中唯一的胜利。

依赖心理化险为夷

王阳明是一个伟大的哲学家，但他却是一个不成熟的政客。在从政这么多年来，他还完全没有理清楚宦海中的规律和变数。他虽然有着精明的头脑和强大的逻辑能力，但是，他却并未意识到，在官场，一切权力都是不以常理来算的，所以这次他输得很彻底。

面对刘瑾这样的人，是不能将他当做一般政客来对待的，因为他不是政客，只不过是一个混迹政坛的坏人罢了。

在文官发动了第一轮攻击的时候，刘瑾就居心叵测，借此机会将那些对他有意见的人一网打尽。刘瑾等人将包括王阳明在内的多达五十三人都列为奸党，以泄私愤。并且将该名单在朝堂之上榜示，这份名单不仅昭示着五十三人的冤屈，同时也是当朝皇帝不作为的明证。这次事件被后人视为宦官专政、把持朝纲、打击朋党的恶例。

王阳明的"仗义执言"招来了刘瑾等人的注意，他们早就不满王阳明平日里的目中无人，所以这一次，王阳明成了他们的猎物。

王阳明被投入监狱之后，家人和好友都焦急万分，日日盼着他平安无事，早日回家。王阳明虽然心有所忧，却并没有因此意气消沉、万念俱灰，而是谈笑自如、从容镇静。

身在狱中，王阳明心里明白，此次的遭遇除了宦官刘瑾作恶多端、排除异己的丑恶嘴脸之外，和当朝皇帝不辨是非、一味听信宠臣言论的做事风格以及懦弱的性格有很大的关系。一次性牵连这么多官员，皇帝却不明是非，不闻不问，任凭宦官随意处置，这种态度让人感到心寒。面对这种局势，王阳明深感无力扭转。

王阳明被关入大牢后，遭受的廷杖三十大板对于本来就瘦弱的王阳明来说，并非那么轻易就能够挨过去的。待在监狱的那段时间正好是十二月，天寒地冻，黑暗的牢狱里王阳明冷得瑟瑟发抖，整夜里都不得安睡。他有时心里还反复地自问，为什么要走仕途呢？如果像祖父那样，归隐山林，每日读书吟诗，抛开世俗的尔虞我诈，不也是人生的一大享受吗？那么又哪里需要在此遭这样的罪呢？

王阳明的父亲王华也在朝为官，在王阳明身陷囹圄之时，王华得到权宦刘瑾多次的暗示，如果他能够替王阳明认错，在他面前服软，那么刘瑾就完全可以把王阳明无罪释放。但是生性倔强、自视清高的王华怎可能去屈尊求人呢？就连狱中的王阳明也不会答应的。所以，王阳明只得在狱中听凭发落。好在对王阳明的处罚很快就下达了，他被贬到贵州龙场驿当驿丞。这是当时的官吏等级中最低级的官吏，充其量就是个役吏而已，称官都有点夸张了。不过对于此时的王阳明来讲，也算是拨云见日了，终于可以摆脱牢狱之苦，至于今后的路到底去向何方，也只能听天由命了。

贬为驿丞，亡命天涯

牢狱之灾过后，王阳明被贬的文书很快就到了他的手里，他这次被贬到贵州龙场去做驿丞。这个地方位于现在贵州省修文县，属于偏远山区，经济条件比较落后，自然环境也不够优越，但在当时却是作为贵州通往川东官道上的九个驿站之一。

离开京城之时，王阳明的出行显得有些落寞和冷清，除了几位至交好友汪抑之、湛若水、崔子钟等人前来送行，再无他人了。

春寒料峭之时，正是新一季生命生长的时候，不过却是王阳明仕途夭折之日，想来也是凄凉。好友聚在一起，不知何时才能再相见，而且，王阳明此次路途遥远艰险，不免让友人为他担忧。送行当日，大家对王阳明这次远赴贵州都感到了惋惜和遗憾，但是无奈自己力量的渺小。此情此景，让人无限感慨，于是，千言万语都化作首首诗作，诗中难免充满了忧郁和感伤。

拜别亲友后，王阳明开始踏上了前往贬谪处的征程。孤苦无依的旅途中，他常常会想起这几位挚友所做的诗，反复品读，以慰藉孤苦的内心。汪俊是王阳明于弘治六年参加会试时认识的，江西人。当年王阳明不幸落榜，但是汪俊却是第一名。汪俊为人正直，与王阳明十分要好。离开京城后，王阳明常常睡不着觉，有一天，在冰冷的夜晚，王阳明不禁想起了好友汪俊。后来的几天里，王阳明也经常想起京城的好友，竟然在梦中都会相见。此去贵州之路，他经常是夜不能寐，辗转反侧，恍惚间似乎又回到了与几位挚友畅所欲言的时刻。突然醒来，却发现自己是通向一个遥远的地方，身边是另一番凄凉的景象。北风送南雁，在不舍中道别。往日里的深情，今后都只能够在梦中相见，此后的道路王阳明是否还会遇见这样的知己，一切都是未知数。

王阳明此去贵州路途遥远，他有意选择自己经常走过的路。本还打算前往余姚看望一下八十八岁的祖母，但是因为刘瑾的干扰，王阳明没能达成这个愿望。

刘瑾虽然在这次争斗中大获全胜，但是他依然不肯善罢甘休，坚决奉行斩草要除根的原则，对曾经对抗过他的文官们进行赶尽杀绝。于是，这些人打着皇帝的旗号列出了一个"奸党"的名单，一共五十三个人，都是反对过宦官的文官们。

不幸的是，王阳明也在名单之上。刚到杭州，王阳明就感觉被盯梢了，他知道刘瑾不会轻易放过他，为了避免连累家人，他只有叫家童先回余姚报信，自己则暂避城外胜果寺。

　　他先是痛恨这些宦官的无耻行径，痛恨之余，他并没有表现出怨天尤人的样子。想到自己是为了伸张正义而遭受此劫，反倒生出些许悲壮豪迈、慷慨激昂的斗志来。夜里，他在床上辗转反侧，不能入睡，便起身来到屋子的一面墙壁前，写下了一首《绝命诗》，然后王阳明便带上行李出门了，来到钱塘江边，他脱下外衣鞋子，然后上了一艘船。就这样王阳明随船漂泊，不想竟然来到了福建的福州。而那些杀手在进入他房间后，没见到人，只看到了墙上的遗言诗，然后他们又在江边找到了王阳明的衣服鞋子，便断定王阳明已投水自尽，于是匆忙返回，报告刘瑾。

　　王阳明乘坐的船好不容易靠岸之后，他就赶紧上岸。这时，天色已晚，四周都是荒山野岭，无奈之下他只能顺着山道走，走着走着，发现前面有一座寺庙。看到了能够居住的地方，他才感到心里踏实些，赶紧上前去敲门。却没有想到，开门的和尚上下打量了他一下，二话没说就关上门了。任他再怎么敲，也没有人再来开门了。

王阳明很气愤，原本以为佛门之地应该是以慈悲为怀，却没有想到如此不近情理。他只能离开这里，继续往前走。走了很久后，他看到不远处似乎又有一座庙宇。于是，他欣喜地跑过去，却发现这座庙已经废弃，四周都是残垣断壁，早已无人居住。但是，即便如此，也比露宿荒山要好，他就蜷缩在屋子的一角睡下了，心想可以到天亮再赶路。

由于一路的颠沛流离，王阳明很快就睡着了。睡到半夜的时候，却听到耳边有野兽的咆哮之声，他被惊醒了，发现身边什么也没有后才又沉沉地睡去了。又不知过了多久，他听到身边有动静。醒来时，发现昨晚把自己拒之门外的寺院和尚站在了他的面前。

王阳明看到他，心中很是不满，倒是和尚带着愧疚之情，主动解释昨晚的事情。原来，这一带经常有歹徒之人行凶，因此寺庙一般不愿意接待生人。之后，和尚又假惺惺的问他："不知昨夜你是否就在此处休息？"

王阳明说："我一过路之人，你又不肯收留，当然只能在此处休息了。"和尚大为惊讶地说："施主真是福大命大，这座山上经常有老虎出没，这座破庙也早已成了虎穴，不知昨晚你是如何逃过一劫的？"

王阳明一听此话，就明白了这位和尚的歹毒用心，明明知道此处有虎，却仍然不肯收留，硬逼着自己在此处安身。他今天出现在此，不是担心我，而是看我有没有被老虎吃掉，真是虚伪的人！转念一想，王阳明决定来个将计就计，他装作非常不屑一顾的样子说："昨夜的确有老虎出没，我刚刚睡下，就有猛虎咆哮之声由远及近，我心想，此时既然无法脱身，就干脆以静制动，于是就原地不动，与老虎相对。老虎竟然被吓得不敢近前，之后就跑了。你说这是何道理？"

和尚听后，非常吃惊，他一改之前冷冰冰的态度，非常殷勤地邀请王阳明到寺庙中歇息。王阳明拗不过他，就跟随他来到寺庙。进入庙中，王阳明看到寺院内古树参天、环境幽雅、极其幽静，细细一看，发现这里居然是福州五大禅寺之一的千年古刹涌泉寺！王阳明顿时对这里增加了敬重之情，但是刚才那位和尚的卑劣行径，又让他感到世风日下的悲凉。

王阳明来到了寺中的一座大殿内，突然发现一位道士，他觉得这道士、这光景非常眼熟，可是又实在想不起来，于是不觉地停下了脚步，仔细琢磨起来。他再端详道士的面庞，一下子想到了这位道士正是二十多年前南昌铁柱宫的那位道士！这让他感到万分惊喜。

王阳明发现这道士也在注视着他，四目相对，甚是感动！道士带着王阳明来到了一个僻静的屋子，王阳明将自己这些年来的情形细细地说来，道士非常认真地听完他的叙述后，问他有何打算。王阳明不免对前途感到失意，想要学祖父归隐山林。

道士听后，再三摇头，说王阳明如今已经是被朝廷贬谪，如何能够脱身？即便真的能够隐姓埋名，远走他乡，家人也难以逃脱，一走了之不是最好的解决办法。

王阳明听后，也为自己的任性感到愧疚，这才算是真正意识到自己的处境。他诚恳地向道士征询以后的去处，道士思索片刻，对他说，放弃志向也可全身而退，只是拥有这么深的学问，就这样放弃，岂不可惜。为了激励王阳明，道士特意为他占卜，以上天的旨意来鼓舞他的信心。两人促膝长谈后，王阳明心中的郁闷已经消解了大半，他似乎又回到了那个英姿勃发、斗志昂扬的自己。

关于这次奇遇，王阳明的弟子有不同详略的记载，真实性还有待考证，但是，不管这次的奇遇是真是假，可以肯定的是王阳明前往贵州的道路是极为坎坷的。

第四章
贬谪贵州——龙场悟道，成为一代心学大师

偶得"阳明小洞天"

王阳明与道士告别后，心情豁然开朗，不再有其他的念头，于是继续前往龙场。当时的贵州，在明朝十三个布政司中是设置最晚的，由于地理位置偏僻，交通不便，开发也是较晚的。因此，从中原通往贵州的通道也非常不便，路途极其遥远。在当时的人们看来，贵州是山高路远、偏僻落后的荒蛮之地。

王阳明这次要去的龙场，更是偏远，坐落在今贵州省贵阳市修文县，距离贵阳还有大概八十里的路程。王阳明来到这里后，心里一下子仿佛跌入了冰窖，与自己之前的生活相比，可谓天上地下。龙场的四周都是高山叠嶂、树木茂盛，几乎看不到人烟。山高路远，险象环

生，如果没有当地人带路，十有八九是要迷路的。而且，这里茂密的丛林中毒蛇、猛兽经常出没，人经常会受到侵袭。

王阳明到达这里后，所见到的人极其有限，天天在眼前出现的也就是自己带来的几个神情呆板的仆人。因为和当地人还存在语言上的障碍，所以很难沟通，更不要说达到心领神会的意境。再有就是，偶尔能够碰到苗人、彝人、瑶人路过此地，或者就是逃避官府抓捕的逃犯，这使王阳明感到了一种从未有过的孤独和寂寞，他也不知道这样的日子要过多久才能结束。

龙场驿是在明太祖洪武年间设立的，当时这里的一位彝族女首领奢香夫人为当地的稳定作出了很大的贡献。她带领民众修通了贵州通往川东的山道，并依次设立九个驿站，大大改善了当地的交通，也加强了贵州同中原的联系和往来。她的故事几乎是家喻户晓，王阳明来到这里以后，很快就知道了这位女首领。

但是，王阳明来到这里的时候，龙场驿已经名存实亡，完全没有了以前的热闹。这里的驿站已经是房倒屋塌，驿卒也已经走得差不多了，只剩下病残人员。王阳明被贬到这里，也根本没有官舍。不过王阳明倒是很快地转变了想法，鼓励仆人们自力更生，利用周围的树木自己建屋舍。

房屋虽然非常简陋，但是王阳明是个天性乐观之人，而且感觉十分愉悦。房子建好后，也就有了固定的居所，原本很难见到他人的地方，竟然经常会有当地的少数民族居民前来造访。王阳明和他们虽然言语不通，但是从表情、手势上来看，对方都是友善的。时间长了，人们相互之间的距离也就拉近了很多，这大大消解了王阳明的孤苦寂寞之感。

王阳明被贬到此，基本上脱离了以往政务繁忙的生活，每天都极为清闲。他是个生性好动之人，自然不可能呆坐在家中。于是，他就带着仆人四处游走，翻山越岭，常常会有新的发现，让他颇有心旷神怡之感。一日，他带着仆人四处游逛之时，竟然发现一处石洞，和老家余姚的石洞如出一辙。这个意外发现，使他感到非常兴奋，他当即就冒出了搬到这里居住的念头。于是，他带

56

着三个仆人就回到住处，稍作收拾，就开始了石洞的居住生活。

这里的生活使他有了别样的感觉。经过几个月的相处，仆人们和王阳明之间培养出了患难与共的感情，因此，相互之间已经没有了主仆之间的尊卑之别。一次，高兴之余，大家就让王阳明为石洞取个别致的名字，王阳明随即就提出了"阳明小洞天"，此名一出，就受到了仆人的赞誉！

何陋轩与君子亭

王阳明主仆在"阳明小洞天"中的生活虽然新奇，但是好景不长，艰难的环境使得大家很快都感觉到了身体上的不适。原来，石洞阴冷潮湿，终日不见太阳，很容易滋生疾病。好在王阳明身体健硕，有抵抗能力，倒是苦了三个仆人，他们三个很快就病倒了，不得不卧床休息。王阳明天性善良，再加上和他们相处的日子里，可谓患难与共、生死相依，因此他每天只身到四周的山上采药，回来就生火熬制汤药给他们三人喝。仆人们哪里受到过如此待遇，心中自然是感激不尽。

　　但是，在王阳明看来，三人每日神情焦虑，病情也不见好转，于是他就再三询问其中的缘由。仆人们这才说出了他们内心的恐惧，原来当地的民众非常信奉诅咒蛊毒的法术。而人一旦生病，很可能就是被诅咒，这样一来即使药草也无法医治。王阳明得知后，也感到束手无策。如何才能消除他们内心的恐惧呢？忽然，王阳明计上心头，他想，如果自己能够占卜算卦，三人肯定对他会崇拜有加。于是，他就装模作样地算卦，告之他们诅咒已经解除，不久就会痊愈。三人信以为真，病情也就好了一半。在王阳明的照料下，三人不久就康复了。

　　不知不觉，王阳明来到贵州已经有些日子了。这里虽然没有京城的繁华热闹，也比不上杭州等地的富饶喧嚣，但是此处草木葱茏、空气清新，是修身养性的好地方。王阳明也感觉到自己天天跋山涉水，无形中身体已经变得愈来愈健硕，心情也舒畅了很多。他琢磨此处正是开园耕种的好地方，于是，三个仆人身体恢复后，王阳明就带着大家在石洞的四周开荒种地。如此每天汗流浃背，心里的包袱就能够卸下很多，大家倒也能够落得个自在轻松。

然而，即便每天想尽办法来使生活过得充实，但是这种生活还是与他饱读诗书、满腔抱负的个性格格不入，所以他满心的无奈和心酸，无人可以倾诉。

心地善良、平易近人的王阳明在龙场定居不久，便与在四周居住的苗人、瑶人、彝人熟识起来，慢慢地也能够用一些语言进行沟通。大家非常喜欢王阳明给他们讲中原发生的故事，认为王阳明是无所不知、无所不晓之人。

当大家看到这位能人居然住在冰冷潮湿的山洞里时，大家都商量着要给他建造一个舒适的居所，并且很快就破土动工了。动工之前，大家反复地征求王阳明的意见，力求建造的居室满足王阳明的起居、读书、处理政务的要求。

在大家齐心协力的帮助下，新居所居然不到一个月时间就建成了。虽然此屋难以与王阳明在京城的居所相比，但是在方圆几十里内，这已经是规模最大、构造最为齐全的房屋，包括居室、书房、客厅、凉亭，远远望去可称得上庄重大方、气势壮观。新居建成后，竟然成了当地的"知名"建筑，再加上王阳明的学识渊博，因此吸引了周围很多读书人前来拜访。

王阳明的生活随着新居的落成陡然间变得忙碌而充实，他经常要接待慕名前来求教的读书人。和他们一起畅谈学术，已经成为他的一大乐事。时间长了，大家都建议王阳明为新居取个名字，王阳明也欣然应允。因凉亭的四周树木葱茏、层峦叠嶂，常常有读书人在这里谈古论今，于是就将此亭命名为"君子亭"；而居室虽然简陋，没有名贵物品的点缀，却是窗明几净、朴实无华，就命名为"何陋轩"。

王阳明认为这里既为自己的居所，同时又是传播知识、畅谈学问之地，就将这个居所命名为"龙冈书院"，此名赢得了众人一致的称赞。王阳明也非常高兴，于是就作文一篇《何陋轩记》来抒发自己的感想，并以此来表达自己对人生、社会的思考。王阳明出身书香门第，家境优越，因此他自己从小到大并未直接接触过生活在社会最底层的人。之前自己对社会的理解和认识多是受到书籍的影响，很少有机会能够切实接触到社会的真实生活。因此，这次被贬到贵州来，虽然在物质生活上的确非常简陋，但是却为他提供了认识和理解社会最穷苦民众真实生活的机会，更加激励着他洞察世事、砥砺学问的志向。

王阳明从小在祖父的身边长大，祖父偏爱竹子，在居所的四周都有竹林，那里是王阳明儿时生活的乐园。长大之后，王阳明就意识到祖父爱竹不仅仅在于竹子本身，更在于竹子的品质。从小的耳濡目染，王阳明也对竹子有了特殊的爱好，所以他也在自己的居所四周种植了很多竹子，以此鼓舞自己要坚持不懈地砥砺学问，有所作为。他的精神也深深地打动了前来切磋学问的读书人。不过王阳明心里非常清楚，自己距离竹子的高洁品质还有很大的差距，要再接再厉一步步接近竹子的境界。

龙场悟道，吾性自足

王阳明是想过自己的日子，但是偏偏还是无意得罪了人。一个被贬谪至此的驿丞，竟然有恃无恐地在这里传学论道，还有这么多人的拥护。这让当地的官员很不满，王阳明来到他的地盘上，不但没有打一个招呼，而且在做事之前都没有向他汇报。作为一个上级，他愤怒了，开始找茬儿。他先是派人来砸场子，但没有得逞。接着，他又偷偷找到贵宁道按察司副使毛应奎挑拨离间，将王阳明说成了一个坏人。但是，毛应奎没有被三两句话就糊弄住，他亲自找到王阳明，与他一番长谈之后，便被王阳明的人格和学问所征服了，两个人成了好朋友。

这样一来，王阳明在当地的地位更加崇高了，大家无论有什么问题都喜欢来向他讨教，但王阳明并不为此而骄傲，他继续前行在追寻圣贤的道路上。为了更好地体会思想而不被人干扰，他专门找寻了书院附近的石洞来自省，甚至还为自己做了一个石头的棺材，他常常躺进去，闭目沉思，进入一个忘我的境界，体会死亡的感受。

王阳明从小就对术士兴趣浓厚，并且长期以来对佛道两家很关注，因此他对《周易》产生了浓厚的兴趣，在失意之时，常常用占卜来预测自己的吉凶。他这次惨遭牢狱之灾，更是醉心于《周易》来预知自己日后的命运，就连在被贬来贵州的途中也将此书带在身上。到达被贬之地后，也时常在钻研易理，希望能够提前预知自己未来的去向。

可见，王阳明即使在被贬之地，也仍然在思考着人生和万物、人性和宇宙之间的关系。这也是时常萦绕在他心中的问题，自己所谓的"吾心"和"物理"二者之间的关系到底是什么呢？对这个问题，很多圣贤之人都有思考，先是孔子最初提出来，但是尚未给出清晰的答案。后世的读书人也在进行着思考，尝试着给出明确的答案，但是陷入了错综复杂的境地，以至于成了专门的学问。后来，宋代的朱熹潜心钻研，终于悟出了其中的道理，给出了令人信服的解释。

王阳明一心想要实现做圣贤的梦想，这个问题自然也是不能绕开的，他希望能够站在前人的肩膀上有更大的突破。当然，这个突破是很艰难的，要抛开世俗的功名利禄，苦苦思索，心无旁骛。

功夫不负有心人。王阳明日日思索、反复推敲，终于看到了希望。一天，他突然意识到自己一直在思索的人性与天道之间并不存在鸿沟，而是能够联为一体的！所谓的天道，也就是宇宙万物每时每刻的变化规律或原理，而这些并不是不可认识、不可理解的，人天生就具备了体察万物的本能，天道是人能够体悟到的。看似复杂、抽象的天理、物理，其实都在个人的心中。而通往圣贤的路上，也就需要不断挖掘自己的内心、精神境界方可达到："圣人之道，吾性自足，不假外求。"

认识到这些使得王阳明惊喜万分。当时正在深夜，仆人们已经沉沉地睡着了，王阳明近似癫狂的叫声惊醒了他们。看到主人失态的狂喜，嘴里说着他们无法明白的话，仆人们都感到莫名其妙。

王阳明悟出了"圣人之道，吾性自足"的道理，就想通过对五经内容的解释进行验证。身边没有书本，他就凭借记忆进行解释，结果完全行得通，五经都得到了近乎完美的解释。而与朱子的注解进行一一对照时，却发现完全是自相矛盾。这使他更加坚信朱子误读了五经，而自己通过长期坚持不懈地努力终于与圣道吻合了。

对于自己这个追求圣贤的心路历程，可以在他十年后所著的《朱子晚年定论》序言中得到解释。王阳明体悟到圣道的历程充满了艰辛和挫折，走了很多弯路，但是他从年少时树立做圣贤的雄心壮志之后，虽然屡屡遭遇到挫折，但从未放弃，而是苦苦探索。即使被贬到荒蛮之地，也一如既往地潜心钻研，终于悟到"圣人之道，吾性自足"。

从此之后，王阳明的生活发生了变化，正如他所讲"常快乐才是真功夫"，艰难的环境下王阳明怀着快乐的心去领悟生命，实践思想。

贵州讲学，提倡知行合一

王阳明被贬到龙场的遭遇极其坎坷，一般人常常会因个人生活境遇的巨大落差而感到心灰意冷，也会很难适应当地恶劣的生活环境。但是，王阳明在逆境中就显示出了他与其他人不一样的地方。王阳明并没有被眼前的困难所吓倒，他即使身处逆境，也没有放弃自己想要做圣贤的宏伟理想。而这件看似失意的事情，也被他经营得有声有色，充满了生机。不仅如此，他的学问也在这个时期远离了繁华、喧嚣，得以沉静下来。

王阳明在龙场适应了一段时间之后，就开始在当地讲学。他把自己对人生的理解和思考以及对个人人生际遇的反思都讲给自己的仆人，尽管他们听得似懂非懂，不大明白这个官员为何和其他的官员不一样，但是还是能够体悟到王阳明的善良和淳朴，治学的执着和信念。与此同时，一些读书人也不远千里，来到贵州追随自己。这使得王阳明大为兴奋，他太需要和弟子们一起讲学，来畅谈自己的感悟。于是，他经常和弟子们一起跋山涉水来体悟当地的实际生活状况，也经常和弟子们一起到农田里感受大自然的气息，弟子们也经常会被恩师的这种乐观、执着的心境所感染，更加敬重他的为人。

但是弟子们毕竟都有自己的事情，再加上当地的条件较为落后，也使很多人难以适应，在此居住两三天后就要返回，每每到返回之际都增加了王阳明的失落和沮丧。

王阳明在内心里非常希望这些弟子也能够不被物质生活的安逸和奢华所诱惑，不管外在的物质环境是优越还是贫寒，都能够保持住内心的宁静和对治学的孜孜不倦。遗憾的是，真正能够达到这种境界的，毕竟是寥寥无几。

王阳明在龙场讲学、悟道的事情已经传播得相当远。当时的很多读书人都希望能够与他当面切磋，相互交流。在正德四年（1509）的一天，贵州提学副使席书来到了龙场。他慕名前来，并且提出了一个问题"朱陆异同"，希望王阳明能够就此问题做出回答。这里所说的朱是指朱熹，陆是指陆九渊，这两位都是南宋时候的大思想家，但二人之间的思想观念存在很大的差异，这个问题也是后世的读书人非常希望能够得到解释的问题。

对于这个问题，王阳明当然不可能没有考虑过，他已经有自己的观点了。但是，当有人专门就此进行请教的时候，王阳明并没有直接给予明确的回答，而是提出了自己的见解，他将自己的见解称为"知行合一"。初次听到这个观点，席书并没有马上信服，而是带着狐疑返回。回去之后，他对此观点进行彻夜反思，有所感悟之后再来请教。如此经过几个回合后，席书终于意识到了这个观点的精髓所在，兴奋之情难以掩饰，对王阳明的敬重也是与日俱增。为此，他特地邀请王阳明到贵阳书院讲学，想着能够把他的学问传播给书院里的读书人，王阳明欣然应允。

正德四年（1509），王阳明到贵阳书院讲学，前后将近有一年的时间。王阳明的这一举动在《明史》上有记载，并认为他的讲学达到了"贵州士始知学"的境界，这无疑是对王阳明的赞誉和褒奖。王阳明在贵阳书院所讲的正是当初他在龙场悟出的思想，即"知行合一"的学说。

正德四年秋，一位从京城赶赴就职之地的官吏中途经过龙场，跟随他前来的还有他的儿子和一位仆人。天有不测风云，这位官员突然死了，他的儿子因为伤心过度，也死了。第三天，他们的仆人也死了。这三人的死亡被汇报到王阳明那里，让他大为惊讶。他心里十分感伤，于是就命两名仆人将三人的遗体掩埋。王阳明感慨自己主仆三人的命运和这位官员父子主仆很相似，心情难以平复，就写下了一篇被后世广为传诵的文章《瘗旅文》。文中，王阳明想到自己被贬到这里也有两年，自己之所以身体康健，就在于心情舒畅，没有整天怨天尤人。可见精神力量对于一个人来说是很重要的。王阳明从个人的境遇出发，在教导他人的同时，也是在鼓励自己。但是，如果要让自己的学说广泛传播出去，实现自己从小就确立的"做圣贤"的愿望，就不能常年在这荒蛮之地了。

王阳明来到这里的第三年年底，终于守得云开见月明。他接到了来自吏部的一道文书，调任他前往江西吉安府庐陵县任知县。王阳明无限感慨，宦海沉浮，个人很难预料到自己今后的仕途究竟前景如何。不管怎样，自己也总算是能够离开这个被贬之地。当然，他虽然非常想要离开这个地方，但是临走之时还是充满了无限的留恋，因为自己在这里两年，远离了喧嚣和繁华，能够潜心冥想，学问上有很大的收获，并且能够切实体悟到最穷苦的人的真实生活，这些都是自己人生一笔宝贵的财富。

第五章
仕途转机——守得云开见月明

西辞龙场东归去

王阳明接到吏部的文书后,于正德四年(1509)年底结束了自己的被贬生涯,向当地的父老乡亲辞行,众人依依不舍地送走了这位学问精深、平易近人的饱学之士。

对于王阳明自己而言,他尚未完全做好前去庐陵任知县的准备,他对自己的仕途充满了疑惑,也无法预知前方等待他的是福是祸。他在前去的途中,思绪也常常在飘荡,来反思自己的人生。这时的王阳明已经经历了仕途的起起落落,心态变得比较淡定、从容,不会再为一时的得失而心潮跌宕。他能够用豁达、圆融的心态来面对自己身边的事物。想想当初自己被贬之时,心情怅

71

然，到了被贬之地后，反倒能够修身养性，孜孜不倦地做学问。历经两年的磨炼，自己已经变得从容、豁达，对今后的人生也变得坦然了。即使今后再有什么风吹浪打，也能够依靠自己的力量来从容应对。

王阳明乘坐的船只顺江漂流而下，行驶顺畅，很快就过了黔阳，泊溆浦，即将到达辰州府的治所沅陵（今属湖南）。他打算在这里登岸，因为他惦记着挚友杨名父，想要和老友倾诉衷肠相会。而他在龙场时的几位当地学生冀元亨、蒋信、刘观时，从他人那里打听到自己的恩师要将在辰州上岸，都非常想要和恩师相见，倾听他的教诲，他们是王阳明在龙场时慕名前去投师的。

辰州是湘西非常值得一去的地方，也是当时从湖广进入贵州的必经之地。这天，王阳明乘坐的船只刚刚到岸，他还正在盘算着如何与老友、学生们相见，就有一仆人前来询问。王阳明一听，居然是自己的学生冀元亨等人派来的。这些学生们早早就来到了这里，以便守候着恩师登岸。见到恩师到达，众学生都非常兴奋，终于见到了日思夜想的恩师。

弟子一见王阳明的面就嘘寒问暖,把老师簇拥在中间,好不热闹。攀谈片刻后,弟子们非常清楚恩师的偏好,特意带着王阳明来到龙兴寺,这个寺庙位于虎溪山前。

王阳明虽然不再一味地沉溺于佛道,却仍然乐于与僧道论道,这已经成为王阳明人生一大乐事。每次论道,都能够让他有所觉悟。所以,他对学生们这次的安排非常满意,也明白这些学生已经在一定程度上和自己是心心相通了。

被贬两年之后,见到昔日的老友使王阳明十分高兴。大家在一起畅谈过去几年的生活,而王阳明的经历也带给了大家很多的惊奇。王阳明所住的龙兴寺有不可小觑的历史渊源,始建于唐贞观年间,可谓名副其实的千年古刹。其地理位置也相当优越,背靠虎溪山,面临沅江水,又与对面的笔架山隔江相望,引得无数文人墨客前来拜访。

王阳明信步来到了山顶,远远望去,对面的山峦起伏,甚是壮观。他的心头不由一热,想到这里曾经是自己来过多次的地方,一草一木仍然是那么熟悉,而被贬两年时间里也带给自己很多凄苦和痛楚。

王阳明在等待杨名父的几天时间里,又细细端详了这里的一草一木。他期待着与老友重逢的喜悦，可是左等右等始终不见老友到来。王阳明再也待不住了，只好继续赶路。

王阳明离开辰州，又一路前行。所经之地都有自己曾经留下的足迹，这些足迹带给了他久违的感动。他的学生冀元亨想要跟随老师前去，以便有足够的时间向老师请教，探讨学问。王阳明看到学生如此勤奋好学，也欣然应允。

两人途径桃源县，陶渊明笔下的千古名篇《桃花源记》和《桃花源诗》就是在这里有感而发的。此地风景迤逦、民风朴实，王阳明本想停舟登岸，但是想到要赶赴就任，也就罢了。

师生二人经过常德后，见到了烟波浩渺的洞庭湖。想到爱国大夫屈原在这里慷慨激昂地表明自己的志向，王阳明在心里与屈大夫进行着对话，立志要成为一个品行高洁的饱读之士。当然，屈大夫早已离去，不可能听到王阳明的话，但是此刻，北宋范仲淹的千古名篇《岳阳楼记》中的话却萦绕在他心头："不以物喜，不以己悲""先天下之忧而忧，后天下之乐而乐"。作为一个七尺大丈夫就应该坦坦荡荡，屹立于天地之间，岂能因为个人一时的得失荣辱而斤斤计较？想到这里，王阳明顿感胸中热血沸腾，一瞬间，似乎又回到了那个英姿勃发、踌躇满志的少年时代。

王阳明来到庐陵时，想到自己在两年前奔赴贵州途中风餐露宿的情景，心中充满了酸楚，不仅感慨物是人非，这时他就萌生了前去看看的念头。王阳明弃舟登岸，见到曾经熟悉的寺庙、僧人和朋友。不知不觉已经到了江西。王阳明对这里非常熟悉和留恋，这里很多地方都留下了他的足迹。这使他倍感亲切，产生初回故里的感触。

安民于庐陵，仕途现转机

在正德五年（1510）三月，王阳明经过一路的跋山涉水，终于来到了江西吉安府庐陵县就任。吉安府治就是庐陵，因此这个地方汇聚了吉安府各地的民俗风情，非常具有代表性。如果能够将其治理得井井有条，对整个吉安府都是有很大影响的。

王阳明到任后，他的治理之道与其他人并不一样。他没有忙于应酬当地的地方豪强，也没有埋头去处理那些积压已久的案子，而是认为要用教化的方式来烧新官上任的三把火。他已经深入地了解到当地百姓深受镇守中官的剥削，民不聊生。因此，在王阳明看来，解决这个问题是当务之急。镇守中官是在明朝成祖永乐年间开始的，由朝廷向边镇派驻宦官，之后，内地地方上也逐渐设有这个职位，这些人的权力不受巡抚文官和镇守武官的制约，专门搜刮民财，向宫廷进贡，百姓苦不堪言。

王阳明首先撰写了题为《庐陵县为乞蠲免以苏民困事》的报告，发给吉安府和江西布政使司，要求当地的镇守中官免除加给本地的过重税负。他深知，地方百姓与官府之间因为过重的赋税以及各项摊派，已经造成了很大的怨气，百姓的怒火可谓一触即发。如果再有点风吹草动，极可能会引发造反暴乱的后果。正当他还在思考如何解决这个大难题的时候，就发生了大批的民众群情激愤怒气冲冲地要与他这位知县理论的事情。

王阳明一看到这个阵势，就明白多年来积压的矛盾终于爆发了，但是对于呼天抢地的混乱场面，他并没有乱了阵脚，而是处理得从容、镇静。

他先让村民们将自己遭受的不合理摊派讲述清楚，当听到那些名目繁多的苛捐杂税后，王阳明情绪也非常激动，他果断地承诺会为民做主，进行蠲免。这些村民们已经习惯了官员的相互推诿，这次也并没有寄希望于这位新任知县，他们只是想要发泄心中的不满，因此对于王阳明的话都感到非常意外，也深受感动，表示愿意相信王阳明做出的承诺。果然，王阳明很快就发布了正式的公文，宣布豁免一切加派的银两。这个公文使得当时的县城内外处于一片兴奋之中。

大概是王阳明一向刚正不阿、做事执着的秉性早已被人所熟知，当时的江西镇守中官竟然对于王阳明的这个要求没有表示异议，默许了这个提议。这也大大出乎了王阳明的意料。但是，不管怎样，自己在庐陵的第一件事总算完成得相当不错。而王阳明在老百姓心中的威望一下子树立起来了，人们奔走相告。但是也引发了有些人将一些鸡毛蒜皮的小事告之县衙，并且这些人还经常纠结很多不明真相的群众掺杂其中，企图扩大事端，造成天下大乱的景象。王阳明对此种情况已经有所了解，他为此撰写了告示，先在百姓中造成舆论的影响。在这份告示里，王阳明主要是表达自己为百姓解决问题的心意。他劝告百姓不要闹事，否则只会招来官府的惩罚，也无法解决问题。如果有冤屈，就有秩序地向他呈表，他自会一一解决。

告示发布后，有些民众已经了解了王阳明的治理之道，再加上王阳明在减免赋税上已经显示出了雷厉风行、刚正果断的作风，当地百姓也不敢轻易地闹事了。

但是，当地争讼风气的形成由来已久，单凭一张告示并不能解决深层次的问题，为此王阳明制定了一整套的措施用来教化百姓。

王阳明将之前已经基本停滞的申明亭和旌善亭重新兴起，提出里老要担负起教化乡民的责任，同时各家的户主也要管教自家的子弟。而对已经名存实亡的里甲制度，也重新恢复起来，要求将各家各户都形成一个相互制约、相互影响的大单元，县城内十户为一甲，乡村就以各村为单位，相互帮助，相互支持，减少打架、斗殴等事件的发生。通过乡民这种自我管理、自我约束的方式，当地的社会秩序有了很大的改善，民风也逐渐趋于淳朴。

王阳明在庐陵县的时间并不长，但是在近半年的时间里，做了很多影响深远的事情，仅就诉讼的事宜来说，就大大平息了当时的混乱情形，而这段经历也是充分得到认可的，他的弟子对他这段经历也有所记载。王阳明去世后，他的好友湛若水在为其所作的墓志铭中也提到他的功绩，认为他在庐陵"卧治六月而百务具理"。从王阳明的治理效果来看，完全是名副其实。

令王阳明没想到的是，自己虽然早已看淡沉浮的官场对个人的前途命运的影响，但在任庐陵知县期间仕途上居然会发生很大的转机。而昔日一向嚣张跋扈的宦官刘瑾多行不义，竟锒铛入狱，不久就被处以死刑，这也是王阳明没有想到的。刘瑾的倒台也引发了官场的很大变动，王阳明也出乎意料地迎来了仕途上升迁较快的时期。他在庐陵担任知县半年后，要进京朝觐。这次进京也使他得以有时间与昔日的老友们重聚，畅谈一下离别后的心得。大兴隆寺是他曾经讲学的地方，那里聚集着他很多志同道合的好友，因此，他请好友这次仍然给他安排在那里居住。

就在王阳明等待着朝觐的期间，吏部下达了晋升的委任书，王阳明从地方知县升为南京刑部四川清吏司的主事。他接受委任书后，心里感慨万千，自己曾经在十年前就担任过刑部云南清吏司的主事，没想到过了十年，竟然又升迁到南京刑部四川清吏司主事的位置，而之后发生的一系列升迁更让他有些无所适从。

还未前往南京就职，吏部又下达了新的任命，改任命王阳明为吏部验封司主事，为吏部的第二司。不久，王阳明迎来了再次的升迁，他被升任为吏部文选司员外郎。而正德七年三月，又从升吏部考功司郎中，上升为南京太仆寺少卿，进入了当时的正四品行列。短短的两年时间里，王阳明从一个正七品升为正四品，升了三品六级，不禁使得同朝为官的同僚们艳羡不已，就连他自己也没有料到自己时来运转，能够获得如此重用。

传道于京师

王阳明多年来一直坚持着自己想要成为"圣贤"的梦想，也非常渴望能够与志同道合的友人一起谈论学问。他的很多朋友都是他在一步步靠近圣贤路上的良师益友，湛若水就是其中之一。他在弘治十八年考中进士，被朝廷任命为翰林院庶吉士，有了与王阳明相识及长期接触的机会。两个人之前就已经有很深的接触，彼此对对方的学问、人品都非常敬仰，因此能够经常见面谈古论今，自然是人生一大乐事。王阳明为了能够方便与他切磋学问，也搬到了湛若水的住处附近。

当时，王阳明在京师讲学的地点就设在大兴隆寺。大兴隆寺兴建于明英宗时期，原本是皇帝要为自己祈福所建的，可是工程浩大，劳民伤财，官府四处征用民夫来修建，导致很多家庭妻离子散、家破人亡，一时间民怨四起。修建的第二年就发生了土木之变，蒙古瓦剌部与明英宗的军士发生了激烈的战争，明朝军队战败，英宗被俘。原本寄希望能够带来福音的大兴隆寺，不但没有带来福音，而且为造寺者带来了灭顶之灾。但是即便是这样，大兴隆寺还是成了很多寻常老百姓的好去处，进京赶考的举子、走南闯北的商人、讲学的儒者都会汇集到这里来。

王阳明对大兴隆寺的氛围非常喜欢，这里充满了谈学论道、切磋学问的气氛。如今重返北京，又住大兴隆寺，可以与挚友湛若水等人通宵切磋，这对于王阳明来说是何等的兴奋。与王阳明交往较多、关系最为密切的自然是湛若水，再有就是浙江的黄绾。

黄绾是经由著名学者储巏介绍与王阳明认识的。黄绾对于结识王阳明及湛若水这两位学术精深的人物内心充满了兴奋之情。当然，这位黄绾年少轻狂，难免带有夸大、炫耀的成分在里面。但是他对王阳明能够留在北京还是发挥了一些作用的。当时王阳明被发配到贵州，内心凄苦，就写诗抒发自己内心的苦闷，并将诗文寄给好友乔宇等人。当时乔宇担任户部侍郎，王阳明和乔宇两人在学问方面有很多共同之处，还经常在一起探讨，前者对于后者的观点十分在意。王阳明觉得，学问的道路上有乔宇相伴，实为平生幸事。

王阳明认为，做学问应该贵在专、贵在精、贵在正。这些观点都得到了乔宇的赞同。乔宇在谈到因为专心圣贤之道而不把下棋、文章等放在心上时，询问王阳明这是否妥当，王阳明对此也表示了欣赏。

王阳明认为专于圣道才算是专，精于圣道才算是精。专心下棋而不专于圣道，这种专是沉湎；精于文章而不精于圣道，这种精是癖好。圣道是既广又大的，文章技能虽然也是从圣道中来，但是只卖弄文章和技能，这就离圣道太远了。所以非专便不能精，非精便不能明，非明便不能诚，所以古书说"唯精唯一"。精是精粹，专是专一。精然后明，明然后诚，所以明是精的体现，诚是精的基础。一，是天下最大的本体；精，是天下最大的功用。

听了他的这番见解，乔宇既佩服，又觉得有些气馁，责怪自己为什么没有早点明白这个道理。王阳明怕他受了挫折，对他大加勉励了一番。两人的切磋有着共同的学术志趣，充满了智慧和兴奋，彼此都从中受益匪浅。而在大兴隆寺的讲学和谈经论学也吸引了全国很多读书人，但凡有机会进京，比如进京赶考，都希望能够到这里体悟一下这种治学的氛围。

打通朱陆，教导徐爱

大兴隆寺的畅谈学问的确令王阳明感到了钻研学问的人生意境，但是好景不长，朝廷任命乔宇为南京礼部尚书，大家不仅要离别，就连王阳明平日在京城中说话行事都要注意一些，因为乔宇一走，王阳明等于在朝廷失去了靠山，无人再能帮他讲话。再加上身为天子的皇帝和那些拼命捍卫朱学的士大夫们不可能容忍有人在自己的眼皮底下肆意地闹腾。因此，王阳明本无所指的切磋学问就变得敏感起来。

王阳明的为学之道也深深地影响到他的弟子。弟子们平日里熟读古籍，对朱学、陆学常常会有自己独特的见解，对此，王阳明非常赞许每个人都有自己的想法，他常常鼓励弟子们之间展开激烈地争辩，因为真理往往越辩越明。

而对于王阳明自己来说，他也常常陷入思考中，对朱学与陆学产生的冲突、矛盾，如何进行评判也是他自己想一直寻求的答案。王阳明虽然在表面上表明这两种学说各有优势，但是经常还是在字里行间显示出他推崇陆学的想法，而对于朱学则是表现出了不满的态度。时间一长，弟子们就已经不能满足于王阳明含糊的回答了，而是希望王阳明能够旗帜鲜明地表明自己的立场。

而王阳明其实也希望能够借助于弟子们的争辩来表明自己的观点，为此他特意给自己的弟子写信，来清楚地表明自己的想法。王阳明认为，陆学宣传尊德行，同时也提倡应该深入到实践生活中，不断感知、体悟到真理的存在，而多多阅读书籍也能够增长个人的知识和提升思想境界。他的观点已经非常明确，自己是非常推崇陆学的。王阳明的这个观点，使得很多弟子恍然大悟，原来陆学的精髓在这里。王阳明的这个观点也使很多人对陆学的误解有所消除。

当时，朱学非常受到社会的推崇，在这种情况下，贬低朱学容易招致很多人的不满。因此，王阳明对朱学的批评自然也非常小心谨慎。他在给弟子的一封信中，用非常含蓄、委婉的方式来表达自己的真实想法。而他对后人只注重朱熹注解中细枝末节的探讨从而忽视了朱学中颇为重要的精华感到遗憾。在信中，王阳明还流露出对陆学的高度评价，认为过去人们对陆学缺少深入、准确的评判，有失公允。朱学在明朝备受推崇，王阳明此番对朱学的意见，必然会招致其信奉者的抨击。其中也包括很多王阳明过去的挚友，他们对王阳明的观点非常不满，公开表示反对。反对声一片也招致了朝中当权者的警惕，他们不仅对朱学遭受攻击而感到不安，也为王阳明公开讲学的做派感到不安。他们就想方设法要来打击一下王阳明的狂妄，所以大兴隆寺对讲学的三种学术主讲人施行分离的做法，避免他们再聚在一起，散布不利于他们的言论。

王阳明志同道合的友人湛若水受朝廷命令出使安南，分开之时彼此的心中都充满了无限的伤感，不知何时才能够再聚首。湛若水带给了王阳明很多思想上的启发和领悟，对此王阳明心里一直非常感激。为了表达自己对好友的深厚情谊，王阳明特作文《别湛甘泉序》，既是对自己治学经历的反思和剖析，也充满了对好友的敬意和深情。人生难得一知己，能够在治学的路上相互切磋、相互探讨真是一大幸事，如今面临分别，怎么能不感慨呢？

在王阳明的弟子中，他对大弟子徐爱尤其器重，徐爱不仅与他有着姻缘关系，是他的妹夫，而且王阳明对徐爱为人厚道、积极追求进步的品质非常看好。

但王阳明对于师道也感到很惭愧，因为自己这几年四处奔走，很少有机会能够为这位徒弟授课。正德七年年底（1513年初），王阳明前往南京任职，刚好徐爱也到京城接受考核，并且被朝廷晋升为南京工部员外郎。恰好能够同行，圆了两人要切磋学问的梦想。

王阳明看着眼前这位仍显稚嫩的弟子，那汲汲于求学的性情依旧没有改变。不知道分别的这几年里他的学业进展如何？王阳明有意想要考一下这位弟子的学问。他先让徐爱将《大学》经文诵读一遍，听完后，又指出，两位宋朝的大儒程颐和朱熹，他们自认为对孔孟学说的解释是最权威的，但是他们也曾误读，例如孔子谈到"修己以安百姓"。所谓的安百姓就是要亲民，教化民众，但是这两位大儒却认为是"新民"，而不是"亲民"。徐爱自小所接受的教育中都将程颐和朱熹奉为经典、权威，从来没有丝毫的怀疑，这也促使徐爱开始反思程朱学说，他后来将自己与老师之间的对话详细地记载在阳明语录即《传习录》的序言中。

徐爱对老师的质疑也是钦佩之至，尽信书不如无书，凡事都要有敢于质疑的勇气，才能促使自己的反思，不断提升自己的学问；否则只能是沉浸在对古人、权威的迷信中，故步自封；老师的学问也是经过卧薪尝胆的苦心钻研而获得的。而对于其他人来说，对于王阳明敢于挑战经典、权威的做法则是非常反感。的确，挑战明朝已经存在一百多年的权威并非一朝一夕的事情，需要人们一个漫长的接受过程，更需要社会实践的不断检验。

因此，这一路对徐爱来说，可谓是收获颇丰，王阳明也对这个弟子非常喜欢。但遗憾的是，徐爱年仅三十一岁就英年早逝了。

第六章
巡抚新命——文攻武卫，屡建战功

在滁州的岁月

朝廷任命王阳明为南京太仆寺少卿后，王阳明由于诸多事情的牵绊，一直到十个月之后，也就是正德八年（1513）十月才来到滁州。

到任后，王阳明发现这个差使的确是清闲，经常有大把的时间无事可做。他这个南京太仆寺少卿，主要是负责马政，但是当时朝廷对于马匹的管理相当松懈，马匹的数量也日益减少，因此这也是个闲职。

当然，朝廷之所以将王阳明安置在这个位置上，也是有意在冷落他，因为王阳明对政事经常发表自己的观点，口无遮拦，难免会触及一些实权派甚至是皇帝的软肋，因此调配他到这里就是为了打击一下他的气焰。而这个安排对于王阳明来说，心里的确非常失意，一度陷入深深的失落中，难道自己满腔的抱负就要荒废在这马匹的管理中吗？但是，反过来又想，事情既然已成定局，悲观失望、唉声叹气都无济于事，这个差使正好清闲，可以用来潜心做学问，去除自己过去浮躁不安的性情，也并非都是坏事。

自古以来，很多仁人志士的成功之路都并非是一帆风顺的，磨难、挫折都是难免的。而真正决定个人发展的并非这些外在的条件，而是取决于自己的内心。一时的失意反倒能够促使有志之士提升对个人意志的磨炼和人生的感悟，从这个角度来说，反倒是件好事。

滁州距离大都市南京虽然仅有二百里，但是由于交通不便，因此经济发展相对落后，也就显得冷清一些。这对于王阳明来说，正好可以远离喧嚣与繁华，潜心钻研学问。因此，他在这里也开始了讲学的生活，经常与弟子传授学问，也自得其乐。

滁州虽然难以与南京这些大都市相比，但也是很多文人墨客的向往之地。这个与宋代欧阳修的那篇著名的《醉翁亭记》有很大关系。欧阳修是当时的一代大文豪，受到了天下很多读书人的敬仰，因此很多人就是慕名前来，亲自体会琅琊山的风景。琅琊山位于滁州城西南十里，树木葱茏、郁郁葱葱，环境清雅。欧阳修来到这里之后就陶醉于当地的美景，他尤其爱好饮酒作诗，因此自称为"醉翁"。他的千古名篇《醉翁亭记》就是在这里作出的。王阳明也多次来到琅琊山，非常陶醉于山中的美景，留下了与此有关的十多首诗，但是他却没有提及欧阳修及其著作。或许王阳明对这位大文豪沉湎于饮酒的做法并不认可，但是他也不愿意表示明确的反对，而是保持缄默，不置可否。

王阳明在滁州的政事颇为清闲，所以他大多数时间是与慕名前来的读书人切磋学问，在切磋学问之余，也经常游山玩水。远离了尘世的纷纷扰扰，能够沉浸在大自然的美景之中。王阳明此时的内心的确已经摆脱了朝廷政事的繁杂，而是沉浸在自己的心学意境之中。

王阳明在滁州闲适的生活并没有持续很长时间，在这里待了半年之后，朝廷就将他晋升为南京鸿胪寺卿，这是礼部的分支机构。虽然南京的鸿胪寺并没有多少具体的事物可做，但毕竟有所提升，而且南京比起滁州来，其政治性还是要重要很多。所以，王阳明心情也豁然开朗，积极准备着前往南京任职。

桨声灯影，布道金陵

王阳明来到南京，就任鸿胪寺卿后不久，就意识到自己目前的差事仍然是个闲差。和自己一同任职的那些人都在想方设法调离这个部门，王阳明自然不会如此行事，他对自己的仕途并非毫不在意，只是他内心追求的"成为圣贤"的目标一直激励着他在学问上更进一步。所以，他显得非常超脱，专注于讲学和谈经论道。

王阳明并不甘心在碌碌无为中荒废大好时光，因此他就专注于心学的历练，他的心学就是要超脱世俗的功名利禄，追求内心的高远境界。当然，身为朝廷官员也并非完全能够自由自在，也有一套机制进行激励和约束。

在当时，作为朝廷的官员都要接受考察，王阳明在南京任职半年后也要接受考察，他对自己过去半年的政事显然是非常不满的，但是，自己也感到非常无助，为此他也时常流露出放弃从政、归隐山林的念头，所以他索性上书朝廷《自劾乞休疏》，要求还乡。当然，当时的王阳明也并非真的看破红尘，这个奏折也仅能理解为他对于长期身居闲职无所作为的状况的不满。对此，皇帝似乎也看得很明白，所以他也将王阳明的这份奏折置于一旁，并不理睬。王阳明却没有完全放弃，而是再次上书《乞养病疏》，不过这次又是石沉大海，对此王阳明除了遗憾，也只能寄情于做学问了。

他在南京的两年半时间里，在政事上难以有所作为，于是就潜心要在学问上有大的进步。他每天要做的事情几乎就是读书，思考，讲学，与朋友、弟子们一起探讨学问，每每与人探讨的时候，他经常会有豁然开朗的时刻，似乎自己在一步步地接近于心学的精髓了。当他有这种思想感悟的时候，他除了与身边的弟子、友人们分享之外，还会挥笔写信，向远方的友人、弟子们分享这种感悟，所以他的很多真知灼见都能够在他与别人的信中得到体现。

王阳明在内心冥想的时候，常常习惯于静坐。他在贵州龙场的时候就已经形成了这种方式，多年来，他一直认为静坐能够使人心境平和、静心冥想，而且还经常会在静坐中体悟茅塞顿开之感、在学识上有所收获。所以，他也教学生学习静坐，用意念来克服内心的私心杂念。

王阳明在南京任职后，有很多学生也一直追随他前往。而他的得意弟子徐爱这时也在南京任工部员外郎，徐爱非常热心于帮助这些师兄弟们安排具体的事务。他自愿给大家当起了"学长"，主动安排老师的授课时间，以及其他的事务性工作。对此，王阳明是非常满意的，这些烦琐的事情的确需要有人做，而徐爱是再合适不过的人选。

而王阳明的这些学生中，天赋差异很大、秉性也各不相同、勤勉程度也不一样，因此每个人的学问长进也不同。有些人一点即通，有很高的悟性，还能常常带给王阳明很大的启发；有些不仅难以有所长进，还将老师的教诲完全抛弃，做事背叛师门，也让王阳明痛心不已。

王阳明常常教导他的学生，世事无常，每个人都会遭遇到难以预料的变故，可能会对个人遭受非常大的打击；这时客观事实已经无法改变，只有用心学的理念来战胜外在的苦难，用自己的心境来提供强大的支持，逐渐达到心境的至高境界。

任南赣汀漳御史巡抚

正德十一年（1516）九月，王阳明接到朝廷新的任命：都察院左佥都御史巡抚南赣汀漳等处，这个任命也是王阳明没能想明白的。原来，当时的皇帝朱厚照懦弱无能，又依靠一些宦官当政，令一些正直、有才能的大臣颇为不满，文武官员的明争暗斗自然会影响到对百姓的治理，天灾人祸，民不聊生，匪患四起，尤其是江西、湖广、福建、广东四省交界的地区，土匪、恶霸、盗贼非常猖獗，百姓苦不堪言。而这些地方又地处深山地区，地势险要，易守难攻。为此，朝廷多次派兵，都不能给这些匪患以威慑，反而匪患更加嚣张，更为肆无忌惮。

朝廷多次派兵前去围剿，但是都遭到了山贼们的顽强抵抗，官兵难以与山贼们相抗衡，反倒助长了山贼的嚣张气焰。而这次任命王阳明为"都察院左金都御史巡抚南赣汀漳等处"，可以说是临危受命，对他还是寄予了很大的希望。

王阳明对这四省边境地区活跃的山贼进行了翔实的调查，发现这些山贼多是农民出身，聚集在一起占山为王，经常掠夺百姓牲畜、财物，有时甚至围攻县衙，以此来获取物资供其挥霍，这一带的百姓深受其害。

当然，王阳明心里非常明白，自己此时的升迁要面临着很大的压力，一旦自己剿匪不力，就会授人以柄，给那些排斥自己的人抓住了把柄。所以，他前思后想，还是不接这块烫手的山芋，他接到朝廷命令后上书请求辞去这个职务。当然，他也陈述了自己的三个理由：体弱多病，难以应对繁重艰苦的作战任务；自己天性愚钝，缺乏军事指挥才能；祖母年事已高，要尽孝道，返乡侍奉。而他的这些托词，在皇帝看来，其实都是没有很强说服力的，只是表露出来王阳明对这个职位不是很满意。因此，皇帝并没有批准他的奏折。一方面是王阳明对要求辞去这个职位的理由都不够充分；另一方面也是朝中的确难以选拔出更为合适的人选。于是，朝廷非但没有批准他的奏折，反而再次下发了敕谕，催促他尽快赴任。

而王阳明在接到这个敕谕后，仍然是迟迟没有动身，似乎仍然在寄希望于朝廷批复他的请求。此时，恰好发生了另外一件事，朝中一位大臣也被派去剿匪，他也同样上书请求辞去，结果没有得到批复，反倒贻误了剿匪时机受到了朝廷的惩罚。于是，朝廷就以此作为前车之鉴，要求王阳明及早去赴任。这次，他不敢再有懈怠，第二天就踏上了前去江西的征程。

王阳明在行进的途中，竟然也遭到了当地盗贼的袭击，当时盗贼的嚣张气焰可见一斑。王阳明对此并不紧张，他只是把船只进行了编队，形成了强大的气势，旌旗开道，颇具威严之气。这些盗贼见此情景，就意识到这是位高人，居然就此吓破了胆子，跪下讨饶。王阳明也并没有想将他们赶尽杀绝，而是登岸对他们讲明大义，劝其改邪归正。这些盗贼一来惧怕这位官员的惩治，二来也并非心甘情愿成为盗贼，而是被一时的生活所迫，因此对王阳明的劝解也心服口服，纷纷表示愿意金盆洗手。

这只是南行当中的一个小插曲，王阳明此去江西令他没有想到的是，这成为他人生的一个重要转折点，是他今后军旅生涯的开始。

漳南战役

当王阳明还是懵懂少年的时候，就有满腔抱负，要为朝廷平息暴乱贡献力量，他还曾经幼稚地上书朝廷。多年之后，他已经退去了年少的轻狂和幼稚，成熟和稳健了很多，如今被朝廷任命为南赣汀漳巡抚，也正圆了自己年少时的梦想。因此，对于平定赣州动乱他还是满怀信心的。

南赣当地多发动乱，朝廷多次出兵剿灭都难以平息。也有很多官员跃跃欲试，想要借此施展才华，可惜都难以如愿。王阳明尚在前往赣州途中，就得知福建、广东两省的巡抚都御史、巡按御史下令将士分头围剿漳南山区的山贼。王阳明得知后，就心存疑虑，因为两省兵分两路，很难统一行动，而山贼盘踞之地地形复杂，又个个彪悍善战，这次行动未必能够得胜。结果，正如王阳明所料，两省的行动皆以失败而告终。

前车之鉴，让王阳明对此次平定南赣之地的动乱也格外小心。这些地方的匪患已经存在有十余年，百姓遭受迫害、困苦不堪，朝廷也多次出兵，均以失败而告终，深陷剿匪的泥潭中难以自拔。朝廷的镇压不力，反倒促使山贼们更加猖狂。那么，王阳明这次率兵前来，又会是什么样的情形呢？

王阳明来到当地之后，首先做的工作就是通过多种途径，尽快掌握了山贼翔实的资料。对他们盘踞的位置、地形状况、民俗风情等都有所了解。这些各占山头的山贼们以江西和广东交界的横水、桶岗、涮头势力最为强大，也最难以对付。他经过周密的分析后，决定先对势力相对较弱的地方下手，继而再啃那些硬骨头。

当时，山贼们的密探、暗哨也较为普遍，他们经常潜伏在官兵的队伍中，可以通过多种方式来打探到官兵的行动，并且迅速密报给山贼的首领。对此，王阳明决定不打草惊蛇，而是采取将计就计的方式来巧妙地利用这些人。他假意要从漳南山区撤兵，暂时不再出兵。这个消息传出后，山贼们就各自采取应对措施，而放松了对漳南地区的防范。而王阳明这边安排将士秘密行动，以迅雷不及掩耳之势来狠狠打击山贼。这些猝不及防的山贼们自然无力抵抗，节节败退，只能向福建漳州府南靖县平和乡的象湖山退守。王阳明运筹帷幄，打算一鼓作气，彻底剿灭这些山贼。他从容镇静，指挥官兵分为三路挺进象湖山。但是，这场战斗打得相当艰辛，官兵们毕竟不熟悉地形，而山贼们善于凭借天险，将早已布置的滚木巨石纷纷用来对抗官兵，致使官兵伤亡惨重。王阳明为此改变策略，趁山贼难以顾及的时候，命人从山间小道潜入对方的后方，山贼们腹背受敌，难以抵抗，官兵趁势追击。

王阳明指挥的平定漳南山贼的战役进行了近三个月，由于当地地势险峻，气候多变，因此战斗过程非常艰辛。但是，王阳明最终还是取得了丰硕的成果，剿灭二千七百余名山贼，一千五百余人被俘虏，还有难以计数的人跌落山谷毙命，四千多名山贼被招抚。这一次，王阳明还彻底将山贼的老巢捣毁，官兵们焚烧了山贼们占据的至少有三千多间房屋，可以说是大获全胜，一举剿灭了为害一方的山贼之患。

捷报传来，朝廷也非常震惊，因为朝廷十多年派兵无数，均以失败而告终，此次在朝廷尚未发兵之前能够获得如此大的胜利，也充分显示了王阳明非凡的军事才能。正当王阳明捷报频传之计，久旱的福建南部也连降三场大雨，被人称为"久旱逢甘霖"，有人建议就将王阳明的临时行台的大堂命名为"时雨堂"，王阳明欣然应允。

提督南赣军务

首次打仗就取得了胜利，这使得屡战屡败的官兵精神大为振奋，意识到眼前的这位将领不再是之前那些碌碌无为的无能之辈了，剿灭匪患指日可待。王阳明在将士们心中的威望自然也树立起来了，这让王阳明颇感欣慰。

王阳明一向心思缜密、善于观察，所以他对这次初战的结果还是很满意的，也对将士们进行了嘉奖和鼓励，大大提升了军中的士气。然而，王阳明也发现了军队中存在的问题，而且亟待整顿。原来军队的纪律性很差，士兵们作战很随意，如果长期这样下去，那么再英明的指挥官也无法指挥这支没有战斗力的军队取得胜利。

所以，王阳明在初战告捷后，就开始整顿军队，希望能够通过一系列的整顿措施，大大提升军队的战斗力和凝聚力。他对自己的整顿措施还没有十分的把握，于是就先开始进行试点，如果方法得当，效果显著，再大面积地推广到其他军队中去。

王阳明将这次作战的一支军队作为试点，改变了过去的编制，将二十五人组成一个"伍"，设置伍长；两个"伍"可以合并为"队"，设置队长；四队合并为一"哨"，设置"哨长"；两哨合并为一"营"，设置营长以及两个"参谋"；三个营合并为一"阵"，设置偏将；

二阵合并为一"军"，设置副将。偏将、副将的设置可以依据实际情况灵活机动地设置。而高一级的长官有权力处置下一级的长官，这样一来上下联动，就能够有力地加强对整支队伍的管理。

为了加强各个部分之间的联络，及时有效地传递军情，王阳明还为军队相应地特制了"伍符""哨符""营符"。

而这些措施运用起来，将士们发现在军队演练的时候确实比过去先进多了，所以也就自觉地遵照实施。王阳明自己也没有想到，自己年少时阅读兵书的秘籍还真能够派上用场。

王阳明初战告捷的消息传到朝廷，皇帝和大臣们也颇为兴奋，之前多年频传失利的消息，已经有多年没有胜利的消息传来，怎能不令人振奋？王阳明也趁机将今后的作战方案详细禀告朝廷，并要求赋予更大的权力。他指出了两种作战的方略，并且详细分析各自的利弊，请求朝廷不要规定剿匪的期限，也给自己充分的主动权力，能够自己确定作战的时间、措施，这样一来，不仅朝廷无须耗费过多的粮饷，也减少百姓遭难。

王阳明的奏疏递上去之后，在朝中议论纷纷，大臣们既对他的功劳刮目相看，也难免嫉妒之意，另一方面也对他的狂妄自大感到愤怒。于是，在这个问题上形成了两派针锋相对的意见，为此双方争执不下，竟然拖延了三个月才下达了朝廷的委任书。委任书内容并不复杂："王守仁著提督南、赣、汀、漳等处军务，换敕与他。……钦此。"由于当时的军队中只有"提督军务"才有权力调动军队，所以内阁又继而起草了敕谕，对这个委任进行补充说明。这样一来，王阳明的权力大大增强了，自己有了很大的自主权力，他可以根据军情来确定作战方略，也可以对地方官进行督促，还能够对不听号令者"俱听军法从事"，至于军马钱粮等事宜，一般情况下都能够自行确定，只有遇到大的事情，才需要请求朝廷裁决。

而后来的捷报频传也表明朝廷的这个决定是非常英明的，这也给当初持反对态度的大臣们以有力的回击。

用兵横水、桶岗、三浰

王阳明为发动横水、桶岗战役做了一系列的准备，因为他对这场战役有可能遭遇到的困难有充分的考虑，面对的敌人是江西、福建、湖广、广东四省以及相邻省份的人，人员混杂，难以琢磨；而当地地形险峻，通向盗贼们盘踞的地方更是险要，盗贼们凭借天险就能够截断官兵们的去路，可以说是易守难攻。此外，当时正值雨季，当地的天气变化无常，官兵们的战役可能将会面临着冒雨进行的难题，加上地势陡峭，将会面临着更大的伤亡。为此，他要组织动员充足的兵力投入这场艰苦的战斗中，他除了部署江西军队外，还组织湖广的军队按照拟定的日程前来增援。为此，他在充分估计到战争局势的情况下，制定了周密的军事部署计划。

横水、左溪、桶岗这些地方主要在江西省南安府境内，其中盘踞在桶岗的敌人势力最为强大，地形也最为险要，为此，王阳明的属下们一致认为将桶岗作为首取之地，然后再进攻横水、左溪。对此，王阳明则有自己独到的看法，他认为先攻横水、左溪，那么就可以去掉心腹之患，对桶岗形成包围之势，这样一来就胜券在握。属下们对王阳明的分析也颇为信服，于是就采取王阳明的作战部署方案。

这样，在王阳明的周密部署下，战争打响了，王阳明命令官兵从江西向湖广方向开进。于是，攻打横水、左溪的主力军自然就是江西各府县的军队。他根据敌人的情况，采取各个击破的方案，将军队分为十个部分，规定了各个部分攻打不同对峙的敌人，将敌人的兵力打散，坚决不能让对方纠结在一起。这样一来，对方就处于分散作战的状态，难以相互支持，处于孤立无援的境地，官兵再集中优势兵力将其打败。王阳明极具天才的军事指挥才能再次得到了证实。他之前的战争局势分析几乎都在实际的战争中得到了验证。聚集在横水、左溪的山贼们根本无力应对，在他们尚未反应过来之际，王阳明指挥的官兵已经将其制服。但是，也正如王阳明所料，官兵们打得非常艰辛，并且伤亡也较为惨重，因为当地处处是悬崖峭壁，不熟悉地形的官兵们稍不留意就跌入了万丈深渊，为此而伤亡的官兵很多。

在横水之战进行得异常激烈的时刻，在左溪的战争也已经打响，官兵士气高涨，冲入山贼阵营，对方立即就四散逃窜。战争原本可以早早结束，但是，王阳明想到，如果不在对方溃败之时趁机将其一网打尽，则很有可能留下了后患，到时候再去剿灭对方就要付出更大的代价，因此他就命令士兵追击山贼，不可放过一个。当时，天降滂沱大雨，道路泥泞，兵士们几乎是在泥浆中同这些负嵎顽抗的山贼们搏斗。令人振奋的是，盘踞在横水、左溪一带的山贼们很快就被剿灭了，王阳明命令手下官兵一鼓作气挺进桶岗。

由于事前的舆论都认为此次进攻是先对准桶岗，所以当地的盗贼们颇为紧张，紧锣密鼓地部署应对，但是却发现官兵迟迟不来，反倒先进攻横水、左溪，这使他们都放松了不少，战备上自然也放松了警戒，这对于官兵的进攻恰恰是非常有利的。

然而，正如王阳明之前勘察的情况一样，桶岗的地理位置非常险峻，通向山贼窝点的道路仅有五条小道，并且山贼们也早已部署好了，处处是陷阱。如果硬攻，很可能会带来更大的伤亡，而且也难以获取胜利。对方处于易守难攻境地，就必须要另辟蹊径。这时，王阳明想到了一个计策，可以尝试一下，这就是劝降。虽然山贼严阵以待，但是对方毕竟人数不多，并且信心不足，如果能够选出与其首领有所交往的人前去劝降，则可能不费吹灰之力就能取得胜利。于是，王阳明就派之前俘获的人中与其首领有所交往的一个人前去。对方一见到有人前来劝降，顿时也军心大乱，争执不下，自然也就无心部署防范。王阳明趁机命令官兵全力攻打，终于官兵们一步步攻入对方的老巢。其首领在混乱中被官兵杀死，异常艰苦的桶岗之战宣告大获全胜。

王阳明对这次战斗颇为满意，他并未一个人沉浸在胜利的喜悦中，而是给朝廷上书请求嘉奖参加战斗的所有官兵。王阳明仅仅用了不到三个月的时间，就一举肃清了盘踞在江西境内多年的匪患，朝廷对王阳明这次的战斗非常满意，于是对他的请求也非常快地给予了批准。而在当地百姓的眼中，王阳明几乎等同于神明，他带领军队经过任何一地，都会受到当地百姓的顶礼膜拜，甚至有地方建立了生祠对其进行供奉。

不久，王阳明上书朝廷，建议在横水设立新的县治，改变过去朝廷行政力量无法企及当地的状况，彻底改变匪患滋生的社会环境，这一建议很快也得到了朝廷的批准。

王阳明指挥的这几次战役可谓声势浩大、风卷残云之势。桶岗战役后，他乘胜追击，一举击破了广东惠州府龙川县境内三浰的浰头大巢。不仅剿灭了当地的土匪，使老百姓的生活免除了灾害，而且大大减少了兵力的损耗，王阳明可谓劳苦功高，为此，他在当地普通百姓中的声望也日渐高涨。

王阳明并没有因为眼前的成绩而居功自傲，他深切地体会到当地百姓的生活艰难，所以，他特地向朝廷建议免除和平县三年的全部租税赋役，以休养生息，繁荣地方经济。这一建议又得到了批准。

王阳明不仅心系民生，关心百姓疾苦，而且也深深地意识到功高震主的为臣之道，而且他也的确多年来积劳成疾，身体状况大不如从前，因此他向朝廷上书，请求卸甲归田、颐养天年。但是，朝廷没有批准他的请求，还需要他继续发挥才智为社稷谋福利。

设三县，办社学

王阳明在浰头剿匪行动的胜利，为朝廷、百姓扫除了一大障碍，大大打击了整个南、赣、汀、漳、潮、惠等地土匪的嚣张气焰，当地的治安状况有了很大的改善。

王阳明手下的官兵也从剿匪中缴获了很多战利品，对此王阳明亲自过问，想了解一下这些嚣张跋扈的山贼们真实的生活状况。原以为山贼们的生活会奢侈无度，但是看到官兵们缴获的战利品，王阳明这才知道他们中有很多人的生活过得很拮据，更令他大感意外的是，两千余名的山贼居然平均每人只有一件衣服，很多人竟然不名一文。顿时，王阳明怜悯之情油然而生。当然，王阳明也并非是毫无原则地一味怜悯，他有着更为长远的考虑，因为这些地方的匪患解决之后，并不算大功告成，还要考虑到这些地方今后如何治理，才能长治久安。这些山贼们虽然有罪，但是也没有达到要诛杀的地步。对此，王阳明令手下认真核实山贼们的真实状况，采取不

110

同的策略进行管理。将与官府为敌的惯犯予以斩杀；而那些来自沿海地区的被迫当了山贼的流民，王阳明请求朝廷赦免，愿意回当地的就回去，并且可以免除其所欠下的赋税，愿意就地安置的也可以成为当地百姓。王阳明此举，把山贼瓦解为不同的群体，安抚了人心，稳定了当地的社会秩序。

安抚了山贼之后，长期遭受匪患的地方如何管理，也是一大难题。当地的一些读书人建议在本地增设县治，以加强对当地的治理，如此则能够保障当地的长治久安，杜绝匪患。王阳明也早有此意，如今得知很多人都倾向于增设县治，于是就上书朝廷，力陈其中的原因。王阳明的分析鞭辟入里，非常到位，也切合了朝廷的利益。朝廷也很惧怕虽然暂时剿灭了山贼，但是潜藏在暗处的山贼们很有可能不甘心，他们也在加紧聚集力量，企图卷土重来。一旦他们得逞，那么再要想剿灭他们可能要付出更大的代价。而王阳明的这个奏折，恰到好处地替朝廷解决了这个难题，所以很顺利地得到了批准。经过两年的积极筹备，第一个福建南部的新的县治开始正式设立，取名为"平和"。为了加强对当地的治理，王阳明还将原本设在河头的巡检司迁移到枋头，从而杜绝了山贼的死灰复燃。之后，王阳明又相继在江西上犹县崇义里的横水设崇义县县治、闽粤赣三省交汇处设置和平县，并且都将当地的巡检司迁移至县城。这些地方原本是人烟稀少、交通不便、朝廷的行政管理尚未达到的地方，缺少官府的治理，自然就很容易成为山贼们聚集的地方，并且为害一方百姓。增设县治，就很好地解决了这个困扰朝廷以及当地官府的老大难问题。

王阳明的这一系列举措，既顺乎民心，也符合朝廷的利益，增加了朝廷对于这些偏远地方的管理和控制。王阳明的雄心壮志、意气风发也表露了出来，为此他也有自己更为深远的考虑，就是破除人们心中的"山贼"，使当地百姓安居乐业。

南赣是当时令很多官员望而生畏的地方，王阳明仅用一年半的时间就剿灭了南赣的匪患，可谓劳苦功高。朝廷为了表彰王阳明的功绩，将其从正四品都察院佥都御史晋升为正三品右副都御史，并且王阳明的养子正宪也因此被封为锦衣卫百户。

就在朝中很多人都为王阳明的晋升而唏嘘感叹的时候，王阳明并没有沉浸于自己昔日的功绩中，而是已经开始思考如何治理，才能让百姓安居乐业。的确，剿灭匪患可以在一两年之内完成，然而要想训导当地百姓安分守己，本本分分地为人处世，却并非一朝一夕能够实现的。因为，在当地很多普通的百姓心中，法制的观念相当淡薄，缺少礼制的教化。为此，王阳明已经暗下决心要用"圣贤"之道来教化当地百姓。他多年来立志成为"圣贤"，当下就正好可以验证一下自己的理想。

南赣之地幅员辽阔、人口众多，仅靠自己的力量是万万不可做到的，而能够承担起教化百姓的当属地方的父母官。但是，长期以来，官吏人浮于事、营私舞弊的事实已经使官吏在百姓心中威风扫地。而当地之所以长达几十年来惨遭匪患的影响，地方官员的责任不可为不重大。想到这些，王阳明内心不免增添了些许惆怅。但是，不能因噎废食，经过这一年的接触，王阳明也了解了，其实有很多官员是希望能够有所作为的，倘若能够建立完善的治理途径，为每个官员教化百姓都制定一个模式，那么就能够有效地降低官员的个人素质对治理的影响。

王阳明做事向来雷厉风行，一旦他经过深思熟虑认为可行的事情，就会全力以赴地去完成。教化百姓、为官一方对他来说也并非是第一次，之前他在庐陵做知县时期已经积累了很多经验。他首先是把自己的治理之策告知手下的官员，痛陈利弊，尤其强调当地的社会风气不良很大责任在于官员的不作为。由于一年多来，这些官员跟随王阳明风餐露宿、同仇敌忾，共同剿灭了为害一方的匪患，因此，王阳明已经无形中树立了崇高的威望，对他这次的治理之策，官员们自然也是心服口服，很多人都已经暗下决心要跟随王阳明干出一番事业来。

为了郑重起见，王阳明自己发布了一份告谕，命人前往南安、赣州等府分发，各府衙门要据此翻印。然后，各县必须依据十家牌，将告谕发放到各家各户，务必做到妇孺皆知。就这样，在很短的时间内，王阳明治理的地方几乎都出现了他的告谕。百姓们看到几乎从没有过这种情景，都在相互告知告谕的内容。

王阳明的告谕直接明了，先是向百姓们分析了民风不淳的缘由，他指出，正是由于百姓中间长期以来都风行的奢靡、浪费的习气，普通人家平时里节衣缩食，但是如果有红白喜事，往往都讲排场、好面子，肆意挥霍掉多年的积蓄。久而久之，就会有很多人在生活困顿的时候无以为继，只得为非作歹，沦落为盗贼。基于此，这位巡抚才要兴利除弊，他将其内容做了明确的界定，强制要求当地百姓改变过去的习俗。

其实，王阳明的这些规定早已有之。在儒家思想里就有大加宣扬勤俭节约的内容，而历朝历代的皇帝也都倡导这些社会风气。王阳明之所以将此作为切入点，是因为当地百姓中，相互攀比，奢靡、挥霍的风气很盛，很多家庭因此而倾家荡产、妻离子散。所以，人心思安，王阳明的做法也正是人心所向。他提倡的社会风气很快就被老百姓所接受，并逐渐开始效仿。

移风易俗只是王阳明治理地方的突破口，之后他又推出了一系列的改革措施。他亲自草拟了一份《南赣乡约》，通过告谕的形式，提倡百姓的自我管理、自我约束，从而使得礼制深入人心。其中，他提倡以村或者族为单位，公开推举德高望重之人来记录众人的起居、劳作状况，以此来提升民众相互监督的意识。

王阳明的改革措施切中时弊，受到了当地百姓的欢迎，进展也颇为顺利。这些措施的实施都是自上而下推行的，对百姓的约束也是由外到内的，尚未在民众内心深处扎根发芽。这使王阳明意识到，要想从根本上恢复当地的社会秩序，就必须要清除百姓心中的"贼"，改变人们的思想观念。而要达到这个目标，就需要兴办学校，对百姓进行传统道德教育，使老百姓能够遵守礼制。于是，王阳明就先后在南安、赣州全面恢复社学，同时也开始兴建书院。

在明代，社学兴起的时间很早，早在太祖洪武八年（1375）时期就要求各地官员要在乡村创办社学，使普通人家的子弟也能够接受系统的教育。之后，在英宗天顺、宪宗成化、孝宗弘治时期，都不断地强化兴办社学的制度法令。就读期间的费用，则往往是官府负担一部分，学生个人负担一部分，这使得原本较为贫寒人家的子弟也有机会去读书。

　　但是，从长远来看，由于多方面的原因，这种性质的学校往往难以持久，但即便情况不够乐观，王阳明还是觉得一旦自己下定决心后，不管有多么艰难，都要坚持把事情做好。在设学这件事上，他也实施了一系列措施，在社学校舍的问题上，他效法前任的做法，把一些不合时宜的寺庙改造为学堂。接着就是聘请教师的难题，王阳明对师资力量非常重视，特意聘请了福建市舶司副提举舒芬来主持社学事务，并且动员自己优秀的学生前来任教。对各地的官员下令一定要解决教师的薪资问题，要保证教师能够领取到应得的薪金。条件都准备成熟之后，王阳明对社学的办学方向、授课内容等提出了自己的看法，明确指出社学要将歌诗、习礼、读书同时并举，大力提升学生的综合素养。在王阳明的大力提倡和推动下，南安、赣州各地的社学相继兴起，并且取得了显著的实效。

　　王阳明在担任赣州巡抚期间，不仅大力兴办社学，使得很多贫寒人家的子弟从中受益，而且，他也身体力行地讲学，将自己多年积淀的学问亲自传授给弟子。众多弟子也从恩师的讲学中感受到了其学问功底的深厚，而且也对恩师的为人敬佩之至。于是有很多弟子就一直追随着他，王阳明也被弟子们的诚心所打动，他把自己的巡抚衙门变成了传道授业的书院。可是，前来求教的弟子越来越多，偌大的巡抚衙门已经难以容纳，于是王阳明就在赣州建立了"濂溪书院"。

在王阳明的悉心指导下，一大批的弟子都取得了很好的成绩，有的在科举考试中崭露头角，入朝为官；有的效法王阳明向人讲授、传播心学。他们都为王阳明思想的发扬光大作出了贡献。

第七章
皇城闹剧——自古英雄多磨难

宁王挑起了反旗

明朝武宗时期，整个王朝机器真正运作到了无法运行下去的地步了。不仅百姓的生活困苦，连王府也是久缺钱粮。

作为宁王府的第三代亲王的朱宸濠，文学素养较高，平日也爱舞文弄墨，自诩为文人能士，如若在太平盛世，这位王爷一定是为国出力的能手。可是如今国不成国，王爷心中也有几分恼火，好端端的大明朝就这样拆毁了，如若是自己当上皇帝，必然不会是这样的结果。

此想法一出，便拦也拦不住了，久而久之，当皇帝的念头也就兴起了。朱宸濠是个明白人，他知道，想要对皇位取而代之，就先得有大量的拥护者。于是，他开

119

始结交大臣将士以及能人异士，一场精心策划的夺权斗争正紧锣密鼓地进行着。

但世上没有不透风的墙，宁王府的各种举动多多少少被传到了京城。大臣们纷纷要求严惩朱宸濠。武宗下令调查，查找证据，但终因证据不足，只是给了朱宸濠一个警告。

正德十四年（1519）六月十三日，这一天是朱宸濠的生日。京城的密探抵达南昌时，王府里正大摆宴席，十分热闹。宴席一散，朱宸濠立刻召集所有的谋士进行商议，听到朝廷派来宣旨的人是驸马后，大家都建议朱宸濠不要再按原计划于八月十五日行大事。因为按照惯例，只有抄家全拿时，才会派驸马亲自来宣旨。

六月十四日，朱宸濠宴请的官员们按照礼俗，应该进府回贺、谢宴。等人全部到齐后，府中所有的通道都被封锁，所有的官员都被朱宸濠当场扣押，并以奉太后之旨为由胁迫他们服从。在朱宸濠命人将不服从的都御史孙燧杀掉后，在场的官员再无人敢反抗，都附和着朱宸濠呼喊、举事。随后，朱宸濠的护卫、军队开始正式出动。

120

宁王起事这一天，王阳明刚好离开。当时，福建发生军官的叛乱，兵部尚书王琼派其前往处理这一事宜。这一举动使得王阳明躲过了为朱宸濠贺寿、免受胁迫一事。起事的第二天，王阳明得知了这件事情。虽然之前对于朱宸濠的动静早有怀疑和警觉，但还是感到惊讶。朱宸濠早就想拉拢王阳明，但都未能成功。一旦发起大事，自然也不会忽略了他，船开到丰城时，有人告知宁王谋反一事后，王阳明立刻改变了原来的行程，一来警惕朱宸濠的追杀，二来也可以赶紧往回召集军马，同叛军周旋。

与宁王交战

朱宸濠叛乱的消息一起，人心惶动。正德十四年（1519）六月十九日、二十一日，王阳明紧急上奏朝廷。这个时候，朱宸濠已经率兵出鄱阳湖，并对安庆进行围攻。局势越来越严峻和复杂，安庆若是被攻破，那么整个南京就会十分危险。可是忧心如焚也无济于事，因为当时作为南赣汀漳巡抚的王阳明身负的差事是平定福建的兵变，对于这次的事情并没有处理的权力，所以他的手中没有一兵一卒。

不知如何是好的王阳明，在向邻省请求发兵的同时，还冒险写假的文书和书信来虚张声势，以此搅乱朱宸濠的军心。一连串的假公文、假情报确实是乱了朱宸濠的分寸，使得他不敢轻举妄动。趁此机会，王阳明聚集了江西境内各府县的军队。

七月十八日，王阳明誓师北上。朱宸濠对安庆进行围攻，虽久未成功，但安庆城里的官兵已经是精疲力竭，坚持不了多久。所以，支援安庆，解除安庆的围困是当务之急。为了获取具体的进军方案，王阳明召开军事会议，征集各领兵官员的意见。会上很多人都建议立即率军救援安庆。虽然解救安庆是首要的任务，但是王阳明认为，如果直接增援安庆，可能会引来正面的冲突。本来围困安庆的军队会反击我军，朱宸濠还很有可能会派军从背后夹击。按照现在的军势和实力，是万万不能的。最后，王阳明做出了一个冒险的决定，攻占南昌。

虽然王阳明的军队同朱宸濠的军队在素质上相比有

很大的不足之处，但是叛军留守南昌城中的人数并不多。而且，王阳明的军队是从各地招募来的忠义之士，在气势上是有一种要压反的正义。王阳明认为只要攻克南昌，就相当于攻克了朱宸濠的作战基地。不仅能够从侧面解除安庆被围困的境地，还可以反过来牵制朱宸濠，解除南京的危险。

统一好作战思想后，王阳明开始进行紧密的筹划和战前的各项准备。在对南昌发动进攻之前，王阳明向南昌城里的百姓发了即将要攻城的告谕，并说明朱宸濠谋反的罪行，百姓大可不要惊慌；而从逆的人或官员，只要开门投诚，帮助抚慰百姓，都可得到一条生路，否则只有死路一条。

七月十九日夜，先头部队到达南昌的广润门外。王阳明亲自到广润门外誓师，颁布并申明了严格的军纪。部队听鼓声而行动，一鼓附城，再鼓登城，三鼓不克诛伍长，四鼓不克斩将。第二天黎明，准备好的各路军队随着一阵阵鼓声的响起，发起了对南昌的总攻。

早已经被告谕和投降书弄得军心涣散的守城军队，

虽做了抵抗，但奈何不了王阳明的军队大规模的进攻。到了中午时分，整个南昌城被占领。宁王府的人一听到南昌城失守的消息后，便纵火自焚。霎时间，疯狂的火势蔓延到了周围的民居，在王阳明的控制和指挥下，攻城的士兵立即投入到救火和安抚居民当中去。混乱的局面得到了控制，一切变得有条不紊起来。

这边，朱宸濠正在指挥军队准备强攻安庆，却得到王阳明攻占南昌的消息，于是马上下令回师南昌。这个时候，朱宸濠的谋士李士实和刘养正得知朱宸濠的决定后，立即劝阻他，并告诉他，南昌不是当务之急，南京才是。朱宸濠觉得安庆都如此难攻，攻取南京又谈何容易。攻下来还好，若攻不下来，还赔失南昌，那可如何是好。于是，立即派部队支援南昌，自己则率领大部队随后而来。

朱宸濠的迅速回兵令王阳明有些诧异。虽然王阳明早就派出部队阻击朱宸濠的先遣军，但是朱宸濠带领大部队火速回击，这是王阳明招架不住的。因为，此刻他的全部军队仍旧是先前从各地召集起来的两三万人，那些他不断请求的援兵不见踪影。这种情况下，很多官兵都劝王阳明应该退守南昌城，等待援军的到来。

但王阳明却认为，退守南昌，只会把自己推向被动。虽然从各方面分析，朱宸濠都占了上风，但是自己这边也是占有优势的。朱宸濠本来就是做贼心虚，南昌被占领，此刻他应该是心急如焚，急躁不已，这个时候，更应该抓住他的弱点主动出击，而不是等待他来进攻。王阳明立刻进入到战争状态中，再一次统一思想，强调军纪，部署军事。

七月二十三日，朱宸濠的先遣部队已经逼近南昌城，来势汹汹。二十四日一早，朱宸濠所率领的大军已经到达城外的王家渡。王阳明派吉安知府伍文定率领军队同朱宸濠的军队进行正面的进攻。初战之时，伪装败走，把敌人引入早已设伏的地带，奋力追赶的敌人便和大队伍拉开了距离，前后也就不能相顾。这个时候，伏兵从四处出击，围包朱宸濠的军队。这一战下来，朱宸濠的军队损失惨重，不得不又从九江、南康等地调集军队。

王阳明得知朱宸濠将九江、南康二城的守城军队调出的消息后，立即派兵前往这两座城市，并迅速收复，这为王阳明最后能够生擒朱宸濠打下了基础，扫清了道路。

决战宁王朱宸濠

正德十四年（1519）七月二十五日，这一天，北风兴起，朱宸濠率领军队准备再次攻击。王阳明知道，初战失利的朱宸濠必定会尽全力攻击，这一战将会是一场恶战。

天微亮，王阳明率军顺江而下，准备迎击朱宸濠。由于受到风势的影响，战争开始时，王阳明的军队被敌方的阵势所吓倒，一时退却，乱了阵脚，死伤不少。王阳明见此状况，下令全军不许后退，严格遵守号令，擅自主张者一律斩首。

吉安知府伍文定见王阳明稳住了阵脚，便带头向敌方的船队冲去，他立在船头，迎着炮火，即便是燃烧了头发、胡须，他也岿然不动，不后退半步。伍文定的拼死奋力，使得军队气势上涨。这时，王阳明命人在其指挥船上升起一块写着"宁王已擒，我军毋得纵杀"的大白布。朱宸濠的军队看到这个不知是真是假的消息后，立时阵脚大乱，一时间没有了作战的心思。伍文定见状，乘势追击，敌方的战船瞬时被炮火包围，朱宸濠下令，所有船只后退，朱宸濠的军队在一阵哗乱中狼狈败走，退至樵舍。

站在船头，看着顺江而下的死尸时，朱宸濠失声痛哭。在旁人的劝慰下，朱宸濠渐渐平息下来，将停摆在大江上的船只连成一体，结成方阵，准备再战。布置好一切后，朱宸濠走进妃嫔们的船舱。当初，带着妃嫔儿子们起兵，是为了在南京登基册封做准备，没有想到，转了一圈，又回到了南昌。特别是在未起兵之时，其妃子娄妃就劝他不要有这样的非分之想，朱宸濠觉得妇人之仁不可听，现在想来，后悔都已经来不及。妃嫔们看着现在这个局面，哭作一团。只有娄妃明白，成为王，败为寇，已经到了这个地步，再说也无益。她拿出自己所有的钱财首饰，交给了朱宸濠。其他妃子也明白了用意，纷纷将首饰取出。朱宸濠命人将这些首饰分给了将士们，算是为这最后一战打气。

七月二十六日天刚亮，朱宸濠正准备下令进军时，上游王阳明的军队炮声隆隆地杀来。带火的弓箭如雨点般坠入朱宸濠的战船，整个船阵顿时成为一片火海。士兵们逃命的逃命，投降的投降，乱作一团。朱宸濠的妃嫔、丫鬟等人也纷纷投水自尽。此时，朱宸濠大势已去，慌乱中，他乔装打扮，跳上一条小渔船，想要趁机逃跑。却不知，小渔船早已经被王阳明所控制，朱宸濠就这样被王阳明活活地抓住。朱宸濠的谋士以及当初被胁迫的官员们除了被杀的之外也都被活捉。

朱宸濠处心积虑了十多年的战争，却只用了四十二天便化为乌有。当朱宸濠被押至王阳明面前时，胸中愤恨难解，他大声喊叫："朱家自己的事，何烦你王阳明这般周折费心。"又说："你尽管拿去我的头衔、家财，只恳求留我一条命，贬为庶民。"王阳明见朱宸濠嚣张的气焰有所缓和，才冷冷地回答他，自有国法在。

朱宸濠知道局面根本无法挽回，到了最后他诚恳地请求王阳明帮助他收敛娄妃的尸体。朱宸濠的这位妃子，是著名大儒娄谅的女儿，听闻非常贤惠端庄，知书达理。

而娄谅还和王阳明有过师友之情，曾一起讨论过"格物致知"之说。看在娄先生的情面上，王阳明立即派人去寻找，并且按照礼数进行了安葬。

震惊朝野的宁王朱宸濠起兵谋反一事，在王阳明的指挥下，迅速被平定。七月三十日，王阳明将整个平叛的过程写成书面文件，作为一份捷报报告给朝廷。同时还罗列了这次战争中的立功人员，希望能够得到朝廷的嘉奖。随后，王阳明像往常结束战争一样，投入到了战后安抚军民、安置俘虏、遣散军队、恢复正常生活等工作中去。但是在这个时候，从朝廷却传来一个令人震惊的消息：对于朱宸濠叛乱，明武宗朱厚照决定"御驾亲征"。王阳明的捷报送达朱厚照手上时，皇帝率领的这支队伍刚刚浩浩荡荡地离开京城没多久。

按理说，宁王朱宸濠已经被活捉，那就没有再征战的必要，皇帝应该领军回京。可是，如此兴师动众地"御驾亲征"怎么能够就此了事。所以，朱厚照没有打道回府，而是以扫除余党为由继续进军。皇帝的这一行为使得王阳明陷入了即将要到来的一系列困境之中。

荒唐皇帝荒唐事

朱厚照的胡闹是出了名的。

这位胡闹皇帝非常享受打仗的快感，正德十三年（1518）七月，他从边境地区调军队到京城进行集体操练，并下达旨意由威武大将军镇国公太师总兵官朱寿统领三军巡边。

朱寿是朱厚照给自己起的别名，大将军是他的自称，他常常觉得穿上将军服，站在人群中，十分威武、过瘾。在大臣们看来，皇帝的这种自封简直就像个恶作剧，但是又无人能违抗。

这之后，为了长期体验这种快感，满足将军的威风，朱厚照竟然在皇宫里建了一支由太监们组成的军队，称为"中军"。每天，朱厚照都率领这支军队在皇宫里进行操练，呼喊声震天动地。

所以，当朱宸濠谋反的消息传来，朱厚照那点兴致又被挑起，好不容易能够亲自操刀上阵，怎么能够轻易就放过。再加上平日里和自己舞刀弄枪的将士们的不断唆使和他自己想要去江南游玩的心理，于是他决定要"御驾亲征"。

朱厚照这样的心思，是王阳明如何也猜想不到的。皇帝"御驾亲征"的消息传到王阳明耳中时，他以为是捷报在路上有所耽搁，皇帝才会继续进军，却不知朱厚照在率军离开京城的第二天就已经收到了王阳明发来的捷报。八月十七日，王阳明再次上书，讲明战争已经结束，请求皇帝返回京城。至于朱宸濠及其他俘虏，他会亲自押解送往京城。然而，连续的上书令朱厚照及他身边那群想要立大功的将领们实感不快。甚至爆出王阳明同宁王朱宸濠之间是早就勾结好的，不然怎么会有那么多的巧合让王阳明迅速平定了叛乱。不管是为了弄清楚王阳明和朱宸濠之间的关系，或是继续扫清余党，或是南下游玩，最后，朱厚照下令，王阳明军队等候御驾。

这个时候，王阳明才意识到问题的严峻性和复杂性。这一次的对手不再是山寇，也不再是谋反的宁王，而是当今的皇帝。不同于以往的镇定自若，王阳明在听到皇帝坚持要"御驾亲征"的消息之后，忧心忡忡，心中方寸大乱。

皇帝朱厚照南下，所到之处，各地官员都大摆筵席为皇帝和朝中权贵们接风，这正是王阳明所担忧的。江西人民因为战争的缘由，已经是极其困苦了，皇帝来这一遭，可管不了这些，他只管满足自己那颗猎奇、玩乐的心。而附和在他身边的那些人，也是些只顾在沿途猎艳猎物猎财之流，经过战乱的百姓怎么能够又经得起这样的折腾。王阳明并没有遵照旨意等候御驾到临。在处理完战后恢复的一系列工作后，王阳明于九月十一日押解着朱宸濠等俘虏从南昌起程。

争夺宁王朱宸濠

朱宸濠叛乱之前，就已经用各种钱财宝物不断贿赂当朝的权贵，当闻得朱宸濠被捕时，每个人都想得到这块肥肉，一来从他身上得到更多的珍宝，二来还可以邀功。而皇帝朱厚照更是想要显摆自己的能力，亲自抓获宁王朱宸濠。

带着这些目的，当时的钦差提督军务御马监太监张忠和威武副将军朱泰先于皇帝的大部队带领着数千名朝廷禁军前往南昌。而此时在南昌的王阳明已经亲自押解朱宸濠等一干人前往杭州。

皇帝坚持"御驾亲征"，张忠马不停蹄直驱南昌，又加之当时很多不利于王阳明的谣言四处流传，王阳明深知如果朱宸濠落入与自己并不和的张忠等人手中，可能更不利于自己，还不如将朱宸濠交给在浙江为皇帝打前站的太监张永，让他邀功的同时也为自己说说好话。张永虽然是以刘瑾为首的"八虎"之一，但是为人还算正直。

当队伍到达广信时，王阳明接到张忠发的公文。大致意思是说要求王阳明快速将俘虏带回南昌，听候圣旨。王阳明收到这份充满傲慢之气的公文时，并没有返回南昌，而是继续押解俘虏前行。虽然，王阳明知道张忠所发的公文是真的，但他还是写信给兵部，要求检验这份公文的真实性，主要是表明自己的立场和态度。

张忠得知王阳明不肯遵照他文书中所提的要求实行

后，连忙派人到广信通知王阳明不仅要即刻把宁王朱宸濠带回南昌，还应将其释放，等待圣驾，也就是说让皇帝亲自抓获朱宸濠。这等荒唐的决定，张忠就算再得宠，再张狂，也不可能擅自主张。也就是说，这应该是皇帝的旨意。王阳明冒着违抗圣旨的危险，拒绝了张忠。为了避免更多的麻烦，王阳明下令连夜从广信出发，往杭州进发。

十月初，王阳明押解着朱宸濠等俘虏到达杭州后，便去见张永，却吃了个闭门羹。虽然张忠等人的作为张永一向不太满意，但是他对皇帝的心思却摸得十分清楚，他知道皇帝此次南行的目的。所以，在朱宸濠这一事件上，二张的态度是一致的。对于张永的为人，王阳明事先就有所了解，当张永不见自己时，王阳明甚是不解。他推开卫士，挺身闯进张永的居住处，并且大声叫嚷，找张公公是关乎国家大事，为什么躲着不见？这一大义凛然的喊叫倒也震慑住了张永。其实关于朱宸濠的事，张永只是不想给自己惹上多余的麻烦，在内心深处他还是有一些自己的看法和主张的。于是，张永接待了王阳明。

王阳明先是向张永说明了自己的来意，希望张永能够劝服皇帝，带军返京。因为江西的百姓长期受到宁王的毒害，这次战乱后又有旱灾，如果皇帝再来折腾一番，百姓可真是经不起了。张永被王阳明的一番侃侃而谈感动了，他告诉王阳明，只要顺着皇帝的性子来，事情也还会有挽回的机会。十月初九，王阳明将朱宸濠等俘虏交付给张永。

王阳明那颗提到嗓子眼的心终于能够放下，身心疲惫的他暂时住到了杭州西湖湖畔的净慈寺，一边休养，一边等待张永的消息。王阳明认为，皇帝的目标是朱宸濠，现在只要张永把朱宸濠交给皇帝，御驾就应当会返回京城了。而张永的官又高于张忠等人，有他压着，或许不会有太大的问题。

但形势的发展并不像王阳明想的那么顺利。王阳明在净慈寺住了一段时间后，没有等到皇帝返京的消息，反而听说皇帝御驾继续南下。一听到这个消息，王阳明便拖着病体离开杭州，赶往皇帝当时所停留的扬州，想要当面劝阻皇帝。当他到达镇江的时候，却得到皇帝任命王阳明为江西巡抚的旨意。至此，王阳明只好逆水而上，赶往南昌。

十一月，王阳明到达南昌，仅仅两个月，整个南昌城却陷入水深火热当中。当初，王阳明刚一走，张忠、江彬等人率领的军队就到达南昌，上万人挤进城内，拥堵不堪。这支从北方赶来的队伍，目的就是要满载而归，可是来到这座城市，看到的不是繁华，不是富有，而是战后的疮痍，多少有些失望和愤怒。于是，他们除了抢夺钱财之外，还滥杀平民，捏造是非，诬陷王阳明。尽管王阳明心中满是激愤，但是他认为不能因小失大，而应当从大局出发，安抚这些从北方来的军兵，并想办法让他们离开南昌，这样才能恢复百姓的正常生活。

在王阳明的安抚下，北方的军人对他刮目相看，甚至敬佩起来。到了冬至这个传统祭祀亡灵的日子，王阳明命人挂上白幡以祭奠祖先，祭奠亲人。这激起了那些远离故土的北方军人的思乡之情，纷纷要求回家。张忠等人看到这种状况，知道没有在南昌继续待下去的可能了，十二月，驻扎在南昌的军队撤离。王阳明大松一口气，整个南昌人民也大松一口气。但是皇帝朱厚照的"御驾亲征"却还在路上，王阳明要承受的还尚未结束。

让功给皇帝

正德十四年（1519）十一月二十六日，皇帝一行到达南京，比起素有烟花之地之称的扬州，南京的繁华让朱厚照大开眼界。这座昔日的帝都除了有令人流连忘返的山水之外，那笙歌悠扬、莺歌燕语的秦淮河更是牵住了天性爱玩的朱厚照的心。直到正德十五年（1520）的夏天，皇帝仍然住在南京，这一住就差不多是十个月。

张忠等人带着满腹的怨恨和不甘来到了南京。面见皇帝自然少不了要在背后嘀咕王阳明的是非。此时已经转移注意力的朱厚照对王阳明提不起多大的兴趣来，再加上这段时间张永在身边不断为王阳明说好话，对于传言王阳明同朱宸濠勾结一事皇帝已经不再相信。为此张忠等人又兴了个主意，让皇帝下旨召王阳明到南京来，如果他真的和朱宸濠勾结，肯定会害怕，不敢前来面见皇帝。朱厚照对于这个游戏很是感兴趣，于是下旨命王阳明火速赶往南京。

早就想同皇帝面谈的王阳明得到消息后便立刻启程，并派人前去报告自己的行程。这出乎了张忠等人的预料，因为在这之前，他们多次以皇帝的名义下旨，让王阳明来南京，但都被他发觉是假的。他们以为这次王阳明肯定也会这么认为，却不知道张永早在之前就已经把确切的消息告知王阳明。

得知王阳明行踪的朱厚照向张忠等人炫耀这次游戏的胜利，王阳明哪有不敢来南京见他之理。事后又派人传旨阻止了正在途中的王阳明，让他原地待命，等待皇帝下的新旨意。想要见皇帝，却始终见不到的王阳明内心十分苦闷，无可奈何之下，他又一次上了九华山。本爱山水的王阳明这一次在山上一住就是半个月，重返自然，悠闲自在，心中的郁结多少得到些抚平。

平定朱宸濠叛乱差不多已经整整一年，皇帝却因此而出军的队伍仍旧逗留在南下的路上。这个时候张永捎来口信，让王阳明再上书一封平定宁王叛乱的捷报，这次的功归于皇帝，并要尊称他为大将军。王阳明知道张永是出于好意，但是他对于这样的要求既感到好笑，又感到为难。王阳明曾在平定朱宸濠叛乱之后，连续两次上了书。不仅把整个平定叛乱的过程写得非常详细，就连有功的文武官员们的名单都已罗列出来。后来皇帝亲征，王阳明还上奏《请止亲征疏》。

皇帝不是不知道，只是当初怀抱各种原因执意要出征。这一次，到了南京，更是留恋舍不得走。出征一年，就这样回京又不知该如何向朝中文武百官交代。所以说，为了顺着皇帝的性子，最好的办法就是给他一个面子，这样他才能够早日带着队伍离开南京，回到京城去。

虽然荒唐，但却是当下最好的办法。王阳明只好听从张永的建议，再上告捷疏，并且说明此次平定叛乱完全是奉旨行事，皇帝即"总督军务威武大将军总兵官都督府太师镇国公"是最大的功臣。

看了这个捷报，皇帝兴奋不已，他自己才是指挥这场战争胜利的幕后主角。为了向天下人昭示，这年闰八月初八，朱厚照在南京举行了盛大的仪式，收服俘虏朱宸濠。

四天之后，朱厚照率领军队离开南京，风风光光地返回北京。用心良苦的王阳明却因为这道顾全大局的奏疏，遭到了其他正派官员的耻笑和责备。

"新建伯"桃李满天下

正德十六年（1521）三月，明武宗朱厚照因病逝世，他的堂弟朱厚熜即位，就是后来的明世宗嘉靖皇帝。这个年仅十五岁的小皇帝对王阳明的大名早有耳闻，他上位不久，就下旨令王阳明赴京。新皇帝的这道旨意让王阳明看到了洗刷冤屈的希望。这之前，有关平定朱宸濠叛乱一事，朝廷都没有个交代，甚至任何的抚恤都没有给予。

六月二十日，王阳明奉特旨上京，去京的路上他还回了趟老家探望久别的父亲。但是，事情往往说变就变。当时的朝廷新皇帝刚刚即位，一切都还处于混乱当中，加上他手中的实权还不够大，为了稳定局面，只好下旨让王阳明继续待在南昌。到了七月二十八日，王阳明接到了南京兵部尚书任命书。但是，有关平叛一事还是没有任何动静。直到十一月初九，朝廷才对在平叛中有功的人员进行封赏，王阳明也因此而被封为"新建伯"，但这个爵位的名称只是个空号，如果按照当时的规定，新建伯是应该有薪资的，可是王阳明却没有得到。

等了整整两年，最后等到这样一个结局。王阳明没有坚守住"外不着相，内不动心"的原则，他向皇帝呈上了一封奏疏，恳请朝廷收回授予"新建伯"的成命。奏疏虽然写得婉转，但是不满的情绪却也显现了出来。最后朝廷又下了一道诏书，封王阳明祖上三辈都为新建伯。这份荣誉在当时人看来是相当高的，但这对于王阳明来说其实没有多大的用处，只是在墓碑上可以多刻一行字而已。

获封新建伯时，王阳明正好在老家为父亲庆祝生日，很多亲朋好友前来祝寿的同时还祝贺王阳明获此荣誉。父亲王华当是了解儿子的心情，他知道福祸相依，冷静地说服了王阳明。没过多久，父亲王华便逝世，王阳明留在家中为父亲守孝三年。

王华一去世，朝中的当权者们倒大大松了一口气，守孝三年，就意味着王阳明在这三年内都不会对他们构成威胁，造成不利。即便如此，当权者们还是继续弹劾王阳明，甚至包括他的学说，心力交瘁的王阳明终于抵挡不住，卧床病倒。

当然，在家守孝的日子王阳明并不总是病着的，随着时间的流逝反而能够平静地化解心中任何的痛楚，逐渐从丧父的悲痛中解脱出来，病情渐渐好转，心情也渐渐明朗。特别是他门下的学生越来越多，事业逐渐以讲学为主，他的学说没有成为伪学，反而被发扬得更加广远。

嘉靖二年（1523），又到了每三年举行一次的科举会试。这一次最后一场的"策论"题竟然是要求考生对心学作出评论，这道题惹怒了很多参加会试的王阳明的学生。因为，在当时而言，这道题的意图就是要考生对心学进行评价或者抨击，是有意掀起对心学学说的批判。

王阳明的弟子王珊一见这道题，当场就掷笔离开了考场。人们都说他意气用事，不应该就这样而丢掉走入仕途的机会，也可惜了多年来的悉心准备。王珊倒十分坦然，并不因为自己的行为而懊恼，他认为假如要昧着良心批判自己的师门，那还不如一辈子都不当官。

王阳明另外几位参加会试的学生虽然没有当场离去，但是在答卷中却是理直气壮地阐释了心学。令人诧异的是，这几名学生后来竟然都被录取了。王阳明的学生钱德洪在这年的会试中落榜，回到浙江后见到王阳明，他并不为自己的落榜而失望，反而是为老师的学说受到如此待遇而愤慨。王阳明听后反倒说，心学从此之后要白于天下了。钱德洪听后，很是不解。王阳明解释道："我只是跟我的学生讲学，自然我的学说只能在学生们之间流传，天下人不可能皆知。这一次，集聚天下考生的会试竟然以我的学说来命题，不管是批判还是赞同，我的学说大告于天下，这是事实。一次会试，岂不是在宣扬我的学说？"钱德洪听后，忙点头称是。那些本来想扼制心学传播的人没想到却义务地传播了心学。

嘉靖三年（1524），王阳明待在老家的第二年，受郡守南大吉的邀请，到稽山书院讲学。这一次讲学又将心学推向了一个新的高潮。王阳明在稽山书院讲学的消息一传出，很多文人志士都从天南地北赶来。一时间，稽山书院里人满为患，人多的时候，一个僧舍里竟然住有十多个人。没有多余的床铺，大家就轮流睡觉，可见当时来听王阳明讲学的人之多。冬去春来，王阳明在这里送走了一批又一批的学生，而这些学生每个人都对王阳明的讲学赞叹不已，这些学识让他们在黑暗中看到了光明，在糊涂中领悟了清醒。而王阳明也在讲学的过程中不断地摸索，为了更好地讲学，他让每个新来的学生都先经过自己得意门生的熏染，略领入门之学后，再亲自传授。

这一年八月十五，王阳明和学生们大摆宴席，共度中秋。大家借酒助兴，场面非常热烈。载歌载舞中，王阳明忘却了所有的烦扰，这算得上是这么多年来少有的高兴。看着这个场景，王阳明深感欣慰，心中兴起一种满足感。教书育人，修身养性，这是多么惬意而又高兴的事情！

第八章
最后行程——此心光明，
千古毁誉随风散

晚年喜得子

王阳明远离京城，在老家赋闲讲学的这段时间，京城却因为"大礼议"之争闹得不可开交。由于正德皇帝朱厚照无子嗣，他的母亲便下旨命朱厚熜为"嗣君"，是以"兄终弟及"的原则即位，结果，在进京城的时候，便和朝中的当权者因为身份发生了冲突。虽然朱厚熜顺利登基，但之后很快又和当朝的权贵们围绕新皇帝生父的尊号等问题陷入另一场争论中，争论反反复复维持了大概三四年。因为是以争论"礼"为开端，争论"权"为结尾，因此这场争论被称为"大礼议"。这次争论席卷了几乎所有的官员，大礼议的两派从表面上看是为了朱厚熜父亲的称呼等问题展开的，但是实际上却是两种学派的争论，即理学和心学。称武宗父亲为皇父的一派是受到程颐学说的影响，而称世宗父亲为皇父一派是受到心学的影响，认为只有这样才是合乎人情的。王阳明曾强调礼乐制度的根本就在于合不合乎人情。既然明世宗当上了皇帝，那么他的父亲理所当然就是皇父，这是符合人情的。所以说，这是理学与心学之间的斗争，也足以可见王阳明的心学已经对当时的社会意识形态造成很大影响。

嘉靖四年（1525）正月，王阳明的妻子诸氏去世。王阳明和妻子诸氏结婚后一直没有子嗣，在他四十四岁的时候，便把堂弟王守信八岁的儿子过继到自己名下，取名为正宪。虽不是亲生，但是王阳明对这个养子一直都很好，即便是戎马倥偬，常年在外之际，也常常拜托自己的学生教导正宪。

妻子诸氏死后，王阳明继娶张氏。嘉靖五年（1526）十二月十二日，也就是王阳明五十五岁时，张氏为其生下了一个儿子。晚年得子的王阳明非常欢喜，为儿子取名为正聪，希望他能够聪明睿智。王家在老家算得上是名门望族，晚年得子这样的大喜之事，当然得到当地很多人各种形式的祝贺。王府上下也是一片喜庆，欢腾。

不只是王阳明喜出望外，他的弟子们也都个个高兴不已。由于王阳明同原配诸氏常年不育，便落得一些闲言碎语，说王阳明不是真正的男子。晚年得子，便洗刷了多年来在此问题上的攻击。

正聪此时出生对王阳明来说是非常重要的。因为儿子出生后的第二年王阳明便赴命出征广西，并死在了回家的途中。不过，有人欢喜也会有人愁。之前备受宠爱的正宪在弟弟正聪出生后感觉到了失落，他的亲生父母也为此起了担忧。当王阳明一去世，有关财产和官袭的问题起了争执。

王阳明生前对于家中的这种矛盾早有所知，所以临死前十分担忧张氏和正聪孤儿寡母难以立足，于是委托自己的学生为其家产进行分家，并且照看儿子正聪，为此他的学生们还专门成立了一个机构来处理这些问题。王阳明尸骨未寒，家中事务还未处理好，朝中对王阳明的诬陷之风又起，朝廷下旨禁止传播心学，并称此为伪学，停止爵位的世袭和抚恤等。一时间，四方的挑衅四起，王阳明的学生只好把他的两个儿子带出家乡。正聪被送到了南京投靠黄绾，后来黄绾还将自己的女儿许配给他。在去南京的路上，竟然还有一群恶少跟随他们。后来，为了同当朝的宰相避讳名称上的冲突，黄绾将正聪改名为正忆。至此，王阳明的遗孤算是真正有了着落，安了身。

关于王阳明的家产问题，他的学生在很多地方都对此有记载。到了隆庆年间的时候，王阳明的学说得以平反，大放异彩。关于新建伯这个伯爵爷称谓的争夺，最后以正忆袭得新建伯爵位终止。

做人要有良心

"致良知"的观点，人们认为这是王阳明晚年所悟出和时常放在嘴边的。王阳明自己也说，在他一生的讲学当中，"致良知"是最重要的。不过，后来根据他的学生说，王阳明在一开始时是说"致良知"，但是到了后来只说"良知"。

不管是先前王阳明所讲的"去人欲而存天理""知行合一",还是后来提出的"致良知""良知",这些都是王阳明在不同的阶段对自己的学说进行的总结。从这个过程中可以看出王阳明心学体系的不断完善,晚年王阳明越来越只讲"良知",到了这个时候,王阳明可以说是真正地建立了心学。

什么是良知呢?王阳明认为,在我们每一个人的心中都有一个对善恶的区分,而这个区分就是良知。多年来百死千难的经历最终让王阳明悟出了圣人的根本,他强调良知是每个人生来就具有的,且是永远存在的,不需要通过后天的学习,所以说良知就是我们的本心,也是我们为人的根本。

良知作为人存在的根本,它是生命的本源,是存在于人心灵当中的天地万物的纲。放在现实生活中来说,我们做的任何一件事情都是要遵循自己内心的良知,不过这个付诸实践的过程总是会受到外界事物的打扰。人的五官四肢是无时无刻不在同外物打交道的,假如被这些外物所引诱，只管满足和追逐欲望，那么本质就会被掩盖，人的生活就偏离了良知这个根本，人也不能称作是一个完整的人。这就讲到一个"致良知"的问题。王阳明认为良知是本体，致良知是功夫。这个功夫不仅要求自觉地去意识良知作为本体的存在，还要将良知在生活当中表达出来，回归到良知本身，返回本心。没有了私心杂念，自然就能够区分什么是善，什么是恶，什么是对，什么是错，生活会变得美好，生命也会因此而焕发华彩。

因为良知是根本，致良知和知行合一一样是属于方法，所以大约从嘉靖三四年开始，王阳明对弟子们讲学已不经常说"致良知"，而只是强调"良知"。先圣的经典《六经》，也曾说"良知"二字是圣学的精髓。良知的学说提出来以后，王阳明讲知行合一，这个知不仅仅是指知识学问了，更是指良知。

王阳明说良知，突破了宋儒思想的束缚，完全是另一种新的风格。通过讲学，王阳明的思想和学说被广泛传播，就好像一场新兴的革命，解放了当时的思想。而王阳明自己也是沉浸在这种远离朝野、传道讲学的快乐当中。这段赋闲在家的日子被他认为是最为幸福的阶段。

立马横刀平乱

嘉靖六年（1527）六月，王阳明安闲的讲学生活再一次被打断。朝廷派使者到王阳明的老家传朝廷的诏旨，任命他为南京兵部尚书总制军务，即刻赶往广西解决当地的居民同明朝政府长期存在的一些矛盾。

接到诏旨的王阳明并没有立刻启程，而是上书朝廷，以身体不适恐不能胜任为由请求皇上收回成命。广西的矛盾迟迟未得到解决，王阳明可以说是最佳的人选，所以朝廷并没有同意他的请求，而是紧接着下了第二道诏旨。为了怕起冲突，朝廷还让原两广巡抚姚镆提前退休，任王阳明为南京兵部尚书兼都察院左都御史，提督两广、湖广、江西四省军务。随后，又让他任两广巡抚。王阳明见此也就不好再推辞，决定再次披上戎装。

王阳明讲学的学院这时候已经没有什么好让他担忧

152

的了。家中最不舍的当然是刚刚出生的小儿子，他安排好家中一切事宜后踏上了前往两广的道路。此去广西，王阳明是受命处理思恩和田州的事务，这两个地方都是广西的土司，属于同一个族，知府都姓岑。洪武二年(1369)朝廷设立田州府，并任命岑伯颜为知府，官位世袭。传了三代后到岑溥，他有岑猇和岑猛两个儿子。弘治十二年(1499)，长子岑猇觉得父亲偏心于弟弟岑猛，于是就杀了父亲岑溥。岑溥有黄骥和李蛮两个土目，为了报仇就又将岑猇杀了，剩下年仅四岁的岑猛。但是没过不久，这两个土目发生了内讧，两人反目成仇。黄骥带着岑猛去南宁，李蛮则占据了田州。

一场私人的恩怨演变成了兵变，为此南宁督府特意派思恩的知府岑浚护送岑猛回田州，但是遭到了李蛮的拒绝。不得已，黄骥又带着岑猛去了思恩。到了思恩之后，黄骥却与岑浚打起了田州的主意，于是将岑猛软禁了起来。朝廷知道这件事情后，要求岑浚释放岑猛，岑浚不依。最后朝廷只能派兵征讨，迫不得已，岑浚才放了岑猛。但是这并没有阻止黄骥和岑浚两人的阴谋。

弘治十五年（1502），两人再次联手，并拉拢其他的土司共同向田州发兵，并且成功攻破，岑浚占领田州后，岑猛逃亡。弘治十八年（1505），朝廷向岑浚发兵，岑浚被杀。鉴于土司制度带来的矛盾，朝廷决定撤销思恩世袭的土司建置，改为"流官"制，也就是所谓的"改土归流"。同时田州也被思恩兼管，岑猛则被安排到福建平海卫千户任职。朝廷的这个做法是为了减轻自身的麻烦，但是岑猛对此却有所不满。世袭土司的制度取消了不说，自己的职位还降低了，于是他想尽办法恢复田州知府的职位，甚至还曾贿赂刘瑾，但是都没有成功。不过岑猛没有放弃，他竭尽全力经营着田州的事宜，势力自然变得强大起来。到了正德年间，由于岑猛协助剿灭江西寇匪立了功，朝廷升岑猛为"田州府指挥同知"，但是仍旧没有恢复他田州知府的旧职。嘉靖二年（1523），岑猛为了恢复旧有的田州版图，对泗城发起了攻打。这次起兵被朝廷认为是谋反，于是派兵讨伐岑猛。对于朝廷的攻打，岑猛并没有给予反击，因为在他看来自己并没有谋反的心，只是要回本来属于自己管辖范围的领土而已。他诉说冤情的同时逃到了亲家归顺州岑璋家中，但是万万没有想到，为了讨好朝廷，岑璋毒死了岑猛，还将他的首级献给了朝廷。至此，田州的土司建置被彻底撤销，改为"流官知府"。

岑猛死亡的消息并没有被传开去，嘉靖六年（1527）五月，思恩土目王受和田州土目卢苏打着岑猛的旗号，召集了上万名乡兵起兵，准备要恢复两地的土司建置。都御史姚镆也对此进行了大规模的征剿，但是却失败了。到此，事态越来越严重，这时，才有人推荐曾经平定宸濠叛乱的王阳明，让他处理思恩、田州事务，这就是整个事件的缘由。

嘉靖六年（1527）九月初八，王阳明踏上了前往广西的征途。到达梧州时，对于整个事情的来龙去脉王阳明已经弄出了个清晰的头绪。他认为这次的作乱用武力来征剿只会更加激化矛盾，岑猛既然已经被杀，相当于带头的人没有了，那么只需要好好地安抚背后里闹事的百姓就可以，而不是用武力解决。不过既然已经出动了武力，就应该速战速决，而不是一拖再拖，浪费人力物力。所以，王阳明在这年十二月上书朝廷建议以抚代剿，土司和流官制度并用。

王阳明的奏疏上报到朝廷后，引来了不同的争议。好在王阳明事先和当时的大学士杨一清还有学生黄绾打好了招呼，有他们在朝中说话，事情就好办了很多。所以，最后王阳明的奏疏得以通过。

有了朝廷的批准，王阳明便放开手来办事了。在同原两广巡抚姚镆做完交接之后，王阳明第一件事情就是解散了之前为了征剿而从各地调来的数万军队，只保留了从湖广、保靖这两个土司调来的乡兵。

再说卢苏、王受二人，起兵本来就是迫不得已的事情，之前听说朝廷派王阳明来广西，两人就已经十分紧张。但是当看到这位平定宸濠之乱的大人物真正来到广西之后竟然是要进行招抚，大缓了一口气，并于嘉靖七年（1528）的正月派手下头目向王阳明表示愿意受抚。因为起兵闹事毕竟是违规的事情，而且扰乱了地方上的安宁，所以王阳明要卢苏和王受担起责任，主动认罪。这天，两人进城后，王阳明命人捆绑了卢苏和王受，对他们施以杖刑，随后释放。出乎两人的意料，几年来的混乱，竟然受一顿打就算是承担了所有的责任，所以两人都没有任何怨言，欣然接受。

王阳明让卢苏、王受解散他们的军队，且各自回到自己的居住地，继续从事正常的生产。二月初二，王阳明上书《奏报田州、思恩平复疏》，将整个招抚的经过进行了详细的阐述。这个历时三年之久且调动四省之兵的叛乱，却被王阳明轻而易举且未动用一兵一卒就解决了，奏疏一到朝廷，就震动了整个朝野。

王阳明说："破山中贼易，破心中贼难。"思恩和田州事件，王阳明处处站在民众的立场，处处为他们着想。只有这样，破了心中的贼，才能达到招抚的目的，破山中的贼。没过多久，朝廷的批文下来了，田州府设流官知府，另外也设土官，由岑猛的儿子领事。另外还设有土官巡检司，由卢苏、王受等人任职。土官和流官相互约制，田州府改名为田宁府。

成功解决了思恩、田州的事情之后，王阳明再次向朝廷复命，准备回到老家，继续他的讲学生涯。但是时任总督两广军务、两广巡抚的王阳明发现，当时的广西有几股不安分的力量在影响着朝廷的稳定。为了维护秩序，履行自己的职责，他只好留下来继续进行清理。

当王阳明集中精力在解决田州、思恩事件的时候，广西的断藤峡和八寨等地又兴起了武装斗争，而且越来越严重，不仅影响了当地百姓的正常生活，也影响着朝廷对当地的管理。王阳明处理完田州、思恩的事情后，便投身到平定断藤峡、八寨等瑶民的闹事中来。他出奇制胜，仅用了一个多月的时间就平灭了令朝廷头痛了多年的断藤峡及八寨的闹事，这出乎所有人的意料。当王阳明的《八寨断藤峡捷音疏》上报到朝廷的时候，朝野上下个个都惊叹不已，再加上王阳明并没有向朝廷多要一个兵，多要一份军饷，嘉靖皇帝甚至亲自写手诏问内阁王阳明是否夸大其词，得知真实情况之后皇帝终于知道了王阳明的才干，以及他所立的功业，他所经历的劳苦。

九月，朝廷对王阳明进行嘉奖。但是，除了表面上的奖励和为招抚一事作出承诺之外，却再没有下文，王阳明关于招抚的很多建议也没有得到真正的实施。经过了这次战争，王阳明本来就很虚弱的身体更加虚弱了，再加上来到广西，水土不服，气候不适，身体更是一天不如一天。本以为结束了这场战争还能够继续回去享受他的天伦之乐，没有想到，这竟然成为他人生中最后的一场战役，他那不懈追求圣人的理想历程也即将走到尽头。

最后一程，此心光明

嘉靖七年（1528）十月，王阳明的病情出现了恶化，除了咳嗽越来越严重之外，吃饭都成了问题，每天只能勉强地喝点粥。其实早在九月初八，朝廷派冯恩前来嘉奖王阳明时，他就已经卧病在床了。

冯恩是嘉靖五年的新进士。他十分推崇心学，这次到广西作为朝廷的使节他感到十分兴奋，因为可以一睹心学创始人的风采。所以，在宣完朝廷的旨意后，冯恩便拜王阳明为老师，成了王门子弟，也是王阳明的关门弟子。

对自己的身体状况心知肚明的王阳明此刻只想赶快
返回老家。十月，王阳明从广西横州返回南宁时，船队
经过一片沙滩，王阳明问这是什么地方，船夫说这里是
"乌蛮滩"，又叫伏波庙前滩，因为岸上有伏波将军庙。
王阳明一听赶紧命船夫靠岸，拖着沉重的病躯，拜谒伏
波将军庙。四十多年前，年仅十几岁的王阳明独自考察
居庸关返回京城时，曾经做过一个梦，梦中的自己就是
拜谒伏波将军马援的庙，在梦中他还题过一首诗，诗中
的每一个字现在都还历历在目。没有想到有生之年还真
的有机会路过伏波将军马援庙，更加惊讶的是，庙中的
情景竟然和四十多年前在梦中所出现的一样。人生有多
少事情会这样的巧合，难以捉摸。

出了伏波庙，王阳明回到船上，继续赶路。到达南
宁后，王阳明立刻上书朝廷，陈述了自己的身体状况，
希望皇帝允许他回家养病，并且安排人来接替他的职位。
朝廷的批复迟迟没有到，王阳明却不知道自己写的奏疏
竟然被那些意图诋毁他的小人们扣押，病情越来越严重

的王阳明不能再等下去了，他安排好手中的一切公务之后，便离开了南宁，返回家乡，他准备边走边等待这迟来的批复。

东返的途中，王阳明还抱病去了一趟广州增城祭祀自己的先祖王纲。接着又顺便去了趟挚友湛若水的家中，只可惜，他正好不在家，王阳明留下了两首诗，随即告辞。

在广州逗留了数日后，王阳明的身体已经是极度虚弱，他的病情再次加重。但是朝廷的批复以及那位要来接替他官职的新任两广巡抚依旧没有踪影。迫不得已，王阳明只好继续往东行。他始终坚持地以为批复正在路上，而新任巡抚再过几个时辰或许再过几天就能够到了。

由于王阳明写的奏疏被扣留，朝廷对于他的病情还有他此刻焦急的心情根本就无从知晓。从嘉靖七年十月初十王阳明写奏疏开始，已经整整过去了一个月，仍然没有半点消息。当初王阳明在《乞恩暂容回籍就医养病疏》中写道"今已舆至南宁，移卧舟次，将遂自梧道广，待命于韶、雄之间"，而在九月二十日的《奖励赏赍谢恩疏》中王阳明写："本年九月初八日，该行人冯恩赍捧敕书并前项彩币银两等项到，于广州府地方奉迎入城，当除望阙谢恩、钦遵收领外，臣时卧病床褥，已余一月，扶疾兴伏，感激惶惧，颠顿昏眩，莫知攸措。"所以，按照这个推测，王阳明十月十日不可能在南宁。为此，想要诋毁王阳明的人找到了把柄，要求对王阳明的奏疏进行真伪的核实。

病情再也拖不起的王阳明只好继续东行，十一月中，王阳明在学生时任广东布政使的王大用的护送下翻越大庾岭，进入到江西省境内，随后又顺水而下，于十一月二十五日到达南安，随后前往南安府。在这里，王阳明的学生周积早已备好船在等待。这个时候的王阳明已经进入了病危的状态。

从南宁出发，王阳明归乡的心就非常急迫，也是因为心中的这股信念，他才一直支撑着，翻山涉水，终于到了江西的南安。对于这片土地，王阳明再熟悉不过了，他曾经在这里战斗，在这里体悟圣人的智慧，在这里感受山水。江西对于王阳明而言，可以算是第二故乡，所以当他到了这里的时候，心中总算有了一种踏实的感觉，有了一种回归故土的感觉。

早在王阳明离开广州之时，他的学生们看到他逐渐严重的病情，就已经做好老师要离去的准备，并且还准备好了制作棺材的木头。周积看着瘦骨嶙峋、咳嗽不断的王阳明，心中十分难受。王阳明问周积近来如何，周积如实地汇报了自己的工作之后，又关切地问老师的身体状况。王阳明知道自己的气数已尽，简单地讲了几句后，又和周积谈论起学问。

嘉靖七年（1529）十一月二十九日，王阳明的精神比起昨天要好些，于是召集自己的学生来到床前，学生们的心情异样地沉重。王阳明睁开了紧闭的双眼，微微动了动嘴角。周积俯下身子轻声问老师是否有什么话要说，王阳明看着弟子，微微笑了笑，说："此心光明，亦复何言？"说完，王阳明的双目紧闭，离开了人世。留下床前学生匍匐哀号。

最终，王阳明都没有等到朝廷的批复，不过他是带着一颗坦荡无私且宽大的心离去的。

千古毁誉，听其自然

王阳明去世的消息传到了京城，这位生前饱受小人诬陷和攻击的人在死后依旧逃离不了厄运。前面已经提及过，王阳明于嘉靖七年十月初上书朝廷请求回老家养病，但是奏疏却被扣留，而扣留奏疏的正是吏部尚书桂萼。王阳明平时不巴结奉承、不冷不热的态度在桂萼看来十分清高而又自以为是，所以桂萼很难容忍他。王阳明一去世，桂萼抓住之前奏疏的漏洞弹劾王阳明，说他"擅离职守、蔑视朝廷"，为此还怂恿皇帝召开专门的会议处置王阳明以及他的学说。桂萼污蔑王阳明的学说背离朱熹等圣人的学说，自高自大。

明世宗嘉靖皇帝听信谗言，不仅剥夺了王阳明"新建伯"的爵号，不准世袭，还完完全全地否定了心学，称之为"伪学""邪说"。这边朝廷打压着已经死去的王阳明，那边凡是王阳明曾所居之处，如南安、赣州、吉安、南昌等地群众百姓没有不顶香祭拜，到处哭声震地，听闻死讯的王阳明的学生们也都从各地赶往江西。嘉靖八年二月四日，王阳明的灵柩抵达绍兴。

一直到十一月十一日王阳明落葬，每天前来祭奠、凭吊的人络绎不绝。生于古越的王阳明最终又回归到古越。在亲朋好友的注视下，最终入土为安。

嘉靖四十五年（1566）十二月，嘉靖皇帝去世了，第二年，他的儿子继位，即隆庆皇帝。至此，王阳明生前所受的各种毁誉才终于得以昭雪。在这期间，王阳明的学生不间断地为老师申冤平反，其中黄绾更是上书朝廷，不仅陈述王阳明生前的事功，还综述了他的学说。由于黄绾曾在大礼议之争中有功，皇帝并没有同他计较，奏疏也就不了了之。

为了传播王阳明的学说，他的弟子薛侃、刘侯等人，于嘉靖九年五月在杭州城南十里的天真山建了一座书院，特意宣传心学。王门子弟也经常不顾及朝廷的禁止，聚集在一块儿相互激励，探讨心学。而学生们撰写的《阳明年谱》《阳明文录》以及《朱子晚年定论》等文稿也一再印行。特别是后来，王艮发展出了一个泰州学派，更是发扬了心学。对此，嘉靖皇帝也只能睁一只眼闭一只眼。

隆庆皇帝即位后，便开始对嘉庆朝早前积累的弊病进行革除。隆庆元年（1567）五月，王阳明的学生们联名上书，为他平反。最后，皇帝下了一篇文告，对王阳明的事功、学说一一进行了肯定。

到万历十二年（1584），王阳明的牌位被搬进了孔庙，称为"先儒王子"，成为明代又一位大儒。从古至今对于心学的评价褒贬不一，但是回顾王阳明的一生，从他那曲折的经历中能够感受到他坦荡的胸怀，高尚的人格，还有满腹的学识。他是一位真真正正能够安民立政的大儒。他留给后世的学说并未在时间的长河中消逝，反而越来越清澈，越来越深刻。

第九章
"心学"影响——传薪有人，
经久不衰

心学的流传

在明朝的历史中，王阳明是一个非常重要的人物，他是著名的哲学家、教育家，是"心学"的重要代表人物。

王阳明自幼习文，精读史书，十一岁便能作诗；十二岁时立志要"读书做圣人"，而不是读书登第做状元；十五岁，独自出塞外练习射箭、骑马，并且考察军势；十七岁，在结婚之夜不见了踪影；二十八岁举进士；三十四岁因仗义抗旨，惹怒了宦官刘瑾被关进牢狱，随后发配到贵州龙场做驿丞，却在此荒僻之地悟出了圣人之道；三年之后，调往江西庐陵任知县。此后，他一介书生却身历疆场指挥作战，屡战屡胜。官至南京兵部尚

167

书，被封新建伯。期间，还平定王室内部的叛乱，活捉军事政变的主谋——宁王朱宸濠。

除了建立事功之外，王阳明还精通儒释道三家之说，最后成为心学的集大成者，把中国古代的哲学推上了一个新的高潮。他提出"致良知""知行合一"等思想，广收门徒，传道讲学，其影响深远而广泛，不仅被后世人称为达到"立德""立功""立言"的"真三不朽"之人，还被日本、东南亚等国家和地区推崇。如：日本大将东乡平八郎在击败俄国海军后亮出一个腰牌"一生俯首拜阳明"，这里的"阳明"就是王阳明。后世研究王阳明，形成了一种专门的学问——"心学"。

王阳明被世人称为"百世之师"，而"心学"的主张包涵了哲学、经济、政治、教育、文化等各方面的内容，学术思想精深，内容极其丰富。

在明代学界，王阳明的心学掀起了汹涌大波，成为波澜壮阔的主流思想之一。"龙场悟道"是王阳明心学的起点，这为心学的发展奠定了基础。

之后，心学构建起了"心即理""知行合一""致良知"

的基本理论框架。心学在继承了孔孟学派的"良知""尽心"以及陆九渊的"心即理"等学说的基础上，批判地吸收了朱熹先验范畴的"理"为本体学说。

从思想史的发展轨迹看，心学可以说是儒学的自我革新，也是儒学的最后一个高峰。在世界观上，王阳明坚持"理"主宰主体"心"的理念论，建立起了以"心"为本、以"心即理"为第一原理的心性主体论。他提出"知行合一"，认为知与行不仅是一种言说，而且应是言说的当下行为现身。心学对良知所做的先验道德本体的构想，发展了孔孟的学说。王阳明说"致良知是学问大头脑，是圣人教人第一义"，致了"良知"便是"尽心知性"，就成了圣人。此外，王阳明提倡圣凡平等观，认为圣人与凡人一样，并不是什么都知道并能做到的，只是他们能够发现自己的良知。因此，在他看来，圣人和凡人只有一点差别，在于能不能发现自己内心的良知。

心学的流传使得很多人都远道而来，前去求学。因此有人说："守仁弟子盈天下，其有传者不复载。"王学流传后世主要是泰州和龙溪两个学派。泰州指的是王银（后改名王艮）及其学派，龙溪指的是王畿及其学派。

王艮是心学最重要的代表人物，也是泰州学派的创始人。王艮的思想以阳明心学为源，却又不囿于此。他的学识博大渊深、包涵很广，在哲学、伦理、社会政治以及教育、文化等方面都有丰富翔实的论述，构成了泰州学派的基本思想和基本特色。王艮的"百姓日用是学""百姓日用即道"是他思想的闪光点和泰州学派思想的主旨。他把"天理"称作"天然自有之理"，事实上是等于"认欲为理"，把人的生理需求和物质欲望看作是"天理"的一部分。王艮把"天然自有之理"称作"天理良知"。他所提倡的"格物说"，构成他讲学传道的思想基础。王艮说道："身是本，天下国家是末""格物"必先"正己""本治而末治，正己而物正"。王艮的这番话，明白地指出"正人必先正己"。

独领一代思想的领袖风骚、占中国哲学史一席之地的王艮和他所创建的泰州学派，从形成开始就受到人们的许多好评。黄宗羲曾在他的巨著《明儒学案》中说道："阳明先生之学，有泰州、龙溪而风行天下……泰州以后，其人多能赤手以搏龙蛇……遂复非名教之所能羁络矣……诸公掀翻天地，前不见有古人，后不见有来者。"从中可以看到黄宗羲对王艮的肯定。

王龙溪是明朝中晚期心学的代表人物，对心学的发展有着重大的贡献，且对日本阳明学的形成与发展有深远影响。龙溪学派进一步吸纳了佛家、道家的思想方法与成果。"念"是王龙溪思想中特别重要的观念，一念功夫不仅在他的思想系统内统合了用力于良知心体的先天正心功夫和用力于经验意识的后天诚意功夫，而且也让王阳明以诚意为中心的致良知功夫论得到了进一步的深化。

王龙溪比较关切的是王阳明对于无之精神境界的追求。他对于佛教的人生境界的吸收和融合也比王阳明彻底，这是龙溪所做的最有价值的学说。此外，龙溪对于王阳明的良知说也提出了自己的见解。在阳明以知是知非论良知的基础上，他提出四无的主张，以无为宗，注重心体之悟。针对天泉证道，龙溪与钱德洪的思想产生分歧，龙溪用"先天正心之学"和"后天诚意之学"概括和阐发了自己与钱德洪的思想重点。在此后的讲学活动中，王龙溪逐渐地吸收各学派的精华，不断提升自己的思想境界，后作《钱绪山行状》《天泉证道纪》等文章。

罗念庵是王门后学的一位重要的代表人物，从念庵的思想主旨来看，可归为王门"归寂派"。罗念庵归寂主静之学，以良知返归寂体的过程为格物致知，就是认为良知必须经过实地锻炼而获得。念庵主静的思想，并不是要做世界的隐者，他的主静只是求良知本体的功夫，他获得静明之本体是要以之应世。他一生躬行实践无欲主静功夫，重新阐释了王阳明的致良知教，而备受中晚明时期学者的青睐，被称为得阳明正传，补救心学之弊的功臣。他曾说："儒者之学在经世，而无欲为本。夫唯无欲，然后用之经世者，智精而力巨。"

罗念庵的学术思想的形成受到了很多人的影响。王阳明的"致良知"观点是念庵思想的基础。龙溪学派和泰州学派也提供了一些见解。总地看来，念庵在心学的基础上还是有很大的突破，"归寂"的学说对心学也起了补充和完善的作用。

从心学的流传中，我们可以清楚地了解到，儒学的最后一个高峰也曾是那么的辉煌。王阳明开创了儒学新天地，不愧为一代"心学"宗师。他的弟子们承蒙师传，不断地钻研思考，创立了独一无二的门派，为心学的发展和流传作出了巨大的贡献。至今，心学也没有被历史淹没，它存在于现代的生活中，对社会的发展以及人民的生活还有着一定的影响。

心学对中国的影响

王阳明的心学，被世人称为"救世之学"。自心学传播后，王阳明开始到处讲学，广收弟子，希望通过自己的学说，为朝廷作出贡献，能给人民带来希望。

心学在自明朝时期流传以来，备受人们推崇，它像一把巨大的神斧，将束缚着人们内心思想的封建僵化理念劈裂开来，撼动了封建观念的地位。心学在精神上支持劳苦大众，它反对封建社会的剥削和压迫，给人民以希望。王阳明在讲学中曾说道"人皆可以为尧舜""满街都是圣人"。阳明认为人人都是平等的，没有高低贵贱之分。在心学的教育下，人民都亢奋起来。心学就像是寒冬里的暖炉，像是炎夏里的清风，给多灾多难的人民带来了福音，它让普通大众认识到了自己的主观能动性，看到了自身的潜能和力量。心学在潜移默化地影响着当时社会的各个方面，为当时政治、经济、学术以及思想等方面的发展作出了巨大的贡献。

心学对明朝政治的发展作出了很大的贡献。在那个时期，王阳明的很多弟子都能为民考虑，希望朝廷可以以人为本，注重百姓的喜悲。一些弟子还在直接参政中运用心学思想，做了很多利国利民的事情。他的弟子祝世禄，在保宁县任知县，曾创建了一个很大的书院，叫做环古书院。祝世禄经常请思想进步的东林党人来讲学，并且公开宣告：对于"官府长短"和"朝廷得失"，人民都可以议论评判。欣赏心学的官员们对于道德沦丧、官场腐败的现状，都敢于直言，都能勇于表达自己的不满和见解。逐渐地，学习心学的人很多都开始关心政治，建议朝廷变革，这股强大的力量使皇帝都畏惧起来。王阳明曾在讲学中教育人们要"知行合一""致良知"，通过自己的良知和行动去拯救国家，解救百姓。王阳明的学说为当时腐败的明朝朝廷注入了很多新鲜的思想，促使一批官员开始体察民情，着力政务，人民的生活也因此得到缓解。到了明朝后期，社会政治已经混乱不堪。心学学派里也出现了不少高谈阔论的人，他们不践行"知行合一"，由此也引起了士林人士的抨击。

心学对明朝学术的发展也有很大的贡献。在当时明朝的封建制度下，学术界并没有多少自由，文人学子的思想全都被束缚在条条框框中。心学的出现无疑是学术界的壮举，它跳出了宋儒的框架，开辟一代新的学风，讲说了明朝最真实的现状。很多欣赏心学的作家们也受到了启发，不再畏缩在教条中写作，而是将自己的真实感受痛快地表达出来。好比写《牡丹亭》而出名的汤显祖，他的性格狂荡不羁，追求个性自由，鄙视功名利禄；还有号称"四才子"之一的唐伯虎，他傲视封建礼教，敢于直言；更有以写"三言"闻名的冯梦龙，他不惧封建礼教的威慑，将自己想要表达的全都倾泻出来。这些名人们在受到心学的影响后，开始描写现实，将自己的所见所闻所感以写实的笔触记录下来，深刻地揭露了社会的黑暗。他们作品中的人物也由达官贵人、才子佳人、孝子贤孙和英雄豪杰转变到普普通通的市民、商贩、农民。正是由于心学对文人墨客的影响，才促使他们改变写作风格，我们现在才能阅读到那些记录当时生动活泼的趣事的文字。

阳明学派的这股清凉之风不仅在明代风靡一时，而且席卷整个清朝，直到现在，心学还多多少少影响着社会的进步。清朝初期，心学广为传播，受到人们的推崇，但这与统治者的治理思想格格不入。为了防止心学对人们的影响，导致社会的动荡，统治者开始禁止人民学习心学，将其冷冻起来，防止心学的流传。为了稳定人心，清朝政府又将程朱理学进行了修饰，重新提倡，使之成为当时的学术主流思想。到了清朝末年，国势衰弱，朝廷腐败，帝国主义强行打开了中国的大门，中国从此走上半殖民地半封建社会的道路。国家的沦落使许多文人墨客都消沉下来，中国从此不论在物质上还是精神上都开始落后于西方。在这种情况下，人们又开始反思，将心学这个强有力的武器重新拿起开始改造社会。

康有为也对王阳明的学说很感兴趣，认为心学很切合当时的社会状况，"致良知""人人可以为尧舜""各个心中有仲尼"这些学说与当时西方先进民主的思想有相通之处。心学提倡政治平等，重视自然科学，这些先进思想对于拯救中国社会是很有帮助的。康有为广泛地将心学学说运用于宣传之中，推崇心学的"致良知"，将王阳明说的"不忍"作为维新运动刊物的名字。维新运动的另一精英梁启超也很赞赏心学，他在革新运动的过程中多次宣扬心学，推荐人们学习王阳明的哲学思想，后来他经过研究后还写了《王阳明知行合一之教》这本书，鼓励人们要行动起来。虽然维新运动最终失败了，但是这次运动在一定程度上促进了社会的发展。由此可见，心学是真正的有用之学。

在维新变法之后，以孙中山为代表的资产阶级革命派想要推翻清政府的统治，建立新的民主共和国。新的政权的建立需要一定的理论支持，因此资产阶级革命派开始从心学中寻找可运用的革命理论。孙中山先生在接受欧美政治思想的同时，也对中国的传统文化进行了批判地继承。他在心学"知行合一"思想的基础上，领悟出了"知难行易"的思想，因此，在革命过程中，孙中山宣扬"先要知，要找到一条最适合中国人走的路，再去行"。他还鼓励革命同志要将理论运用于实际，推动革命的进程。虽然资产阶级革命最终也失败了，但是很多仁人志士并没有停止对真理的探索和研究，无数个英雄人物还是大义凛然、义无反顾地奔向战场。最终，中国人找到了属于自己的道路，迎来了新的时代。

在中国历史上，心学也起到了积极的作用，直到今天，心学也还对我们的生活和社会有或多或少的影响。

心学对日本及其他国家的影响

日本很多行业对王阳明的崇拜和学习已经是极为普遍。有日本有"经营之圣"之称的稻盛和夫就十分崇拜王阳明，在他的经营哲学中可以看到很多王阳明良知思想的影子，如"自利则生，利他则久""成功＝能力＋努力＋态度"，等等。为什么明朝中后期的王阳明的心学能够在日本有这么大的影响呢？

事实上，在唐朝的时候，中日就有着良好的邦交关系。在这种情况下，两国便可以相互交流、借鉴和学习。桂悟了魇是第一个接触心学的日本人。明朝正德五年，僧人桂悟了魇被日本政府派到中国进行交流学习。他非常崇拜王阳明，对心学有着很大的兴趣。他曾几次诚恳求见王阳明，认真听其讲学，深思其中的奥秘，不厌其烦地听阳明的每一次授课，仔细做着笔记，积极进行探讨。在来中国交流的几十年里，桂悟了魇一直在琢磨王阳明的学说，直到八十三岁才回到日本，传授心学。在他的传授下，中江藤树领悟了心学的精华所在，开始到处讲学，使心学在日本家喻户晓。日后，中江藤树被世人称为日本阳明学派的"开山祖"。

事实上，阳明学派在日本的发展并不如人们想象的那么顺利。最初，日本政府反对阳明学派的传播，怕王阳明的一些思想会挑起人民的反抗情绪，给政府的统治带来威胁。但是慢慢地，心学也显示出了它的独特之处。阳明学说的"知行合一"提倡人们要将知与行统一起来，促进了日本人的工作效率；且阳明学说简单易懂，易于运用，对于直来直往的日本人来说，这是十分符合其性情的。因此，日本政府批判地继承了心学，并鼓励人民学习。于是，王阳明的著作就在日本流传开来，成为人们的必读书籍。那个时候，王阳明的著作在中国才整理完不到一个世纪，日本就已经刊印了。在通读了《王阳明全书》和《传习录》后，研究心学的很多学者开始有了自己不同的见解，因此日本的阳明学派也开始分派。例如：以渊冈山为代表的内省派和以熊译蕃山为代表的世功派。日本善于吸取别国的精华，只要是有用的，对社会发展有推动作用的都会用于实践。因此，轰动世界的日本明治维新也受到了王阳明的学说的影响，这次维新使日本腾飞起来。

心学不仅对日本的政治产生了重大影响，对日本的国民教育贡献也是非凡的。明治维新后，日本政府的精英们都努力钻研王阳明的思想，还将这些学说渗透到社会各个阶层，农民、工人、医生抑或市民都对心学有着深刻的了解。日本政府希望通过心学来更好地管理社会，使社会平稳发展，人民安居乐业。心学在日本产生了巨大的影响，它对日本经济、文化、教育、哲学等各方面都有着很大的贡献。1911年，日本圆满召开了国际阳明学学术会议。日本对心学的研究成果远远超过了欧美甚至中国。一直到现在，心学对日本的影响还依然存在。

心学最初传入美国是在二十世纪初，南京大学传教士弗雷德里克·古德里奇·亨克对心学有着深厚的感情，回国后他开始提倡心学学说，渐渐地引起了欧美人民的注意。在中国传教的那些年里，弗雷德里克对心学作了深入的了解，并对王阳明的一些思想非常认同。在多年的研究后，他开始翻译王阳明著作，将《传习录》《大学问》以及《王阳明年谱》合辑为《王阳明哲学》进行出版。此外，他还将自己对心学学说的研究成果写成论文《王阳明的生平与哲学》发表出来。至此，心学开始在欧美流传。那个时期正值二十世纪二十年代，洋人认为中国很落后，很瞧不起中国人。他们对中国人进行凌辱和嘲笑，但恰就在此时，王阳明这位几百年前的中国人带着他的学术思想，走进欧美人士的视野，并成为他们崇拜的对象。欧美人接受了心学后，也开始逐渐地深入研究起来，他们认为心学简单易懂，几个字就能渗透出做人的大道理。欧美研究心学的人变得越来越多，二战以后，人们渐渐发现，王阳明的很多学说都与西方一些大哲学家们的主观唯心主义思想抑或道德论有相似之处。更没想到的是，早在十七世纪，王阳明就有这么纯熟完善的思想。王阳明正是用充实的知识以及独到的见解向世人证明中国人的能力。

王阳明的学说能跨越国界，经历各种磨难后被另一种文化体系的人接受并赏识，足以说明心学的可贵与其强大的生命力。这份宝贵的精神财富是对王阳明的肯定，也是中国人的骄傲。